Norwegen Kaleidoskop

ADAC
Reiseführer

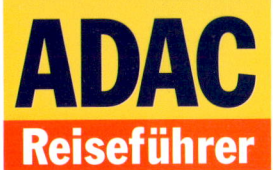

Norwegen

Von Ursula Pagenstecher

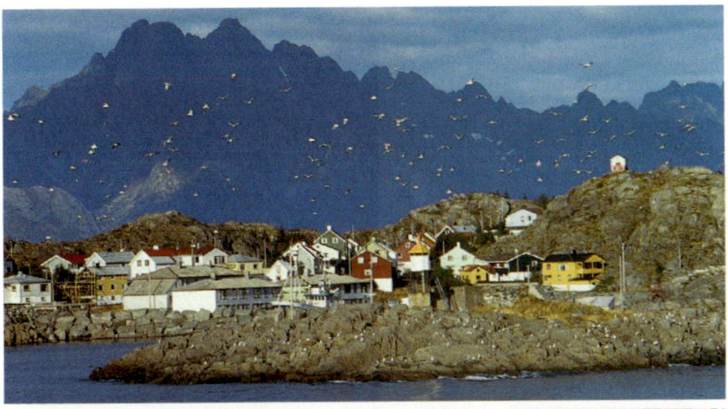

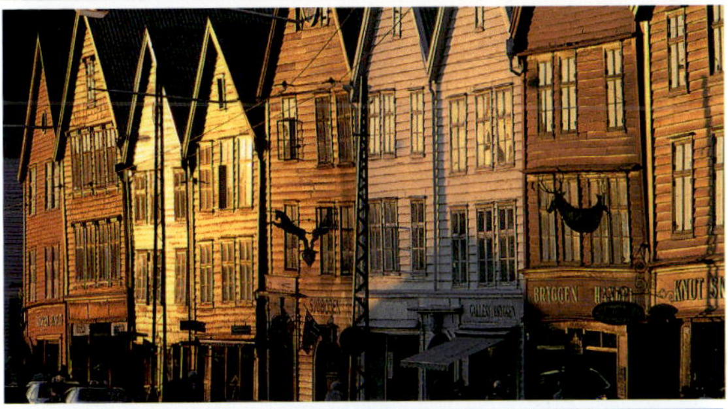

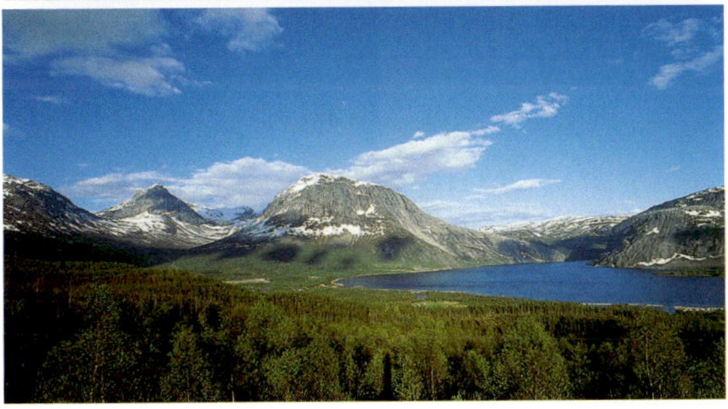

☐ Intro

☐ Unterwegs

Karten und Pläne

☐ Service

Norwegen Impressionen

Land zwischen Fjord und Fjell

»Ja, vi elsker dette landet …«, »Ja, wir lieben dieses Land …«, so beginnt die norwegische Nationalhymne. Diesem Satz scheint sich die Mehrzahl der Norwegen-Urlauber anzuschließen, denn es ist sicher kein Zufall, dass die meisten Menschen, die Norwegen einmal bereist haben, immer wiederkommen. Norwegen ist das faszinierendste der skandinavischen Länder. Großartige, teils noch unberührte Natur, kontrastreiche Landschaft und vielfältige Möglichkeiten für sportliche Aktivitäten sowie die historischen und kulturellen Sehenswürdigkeiten machen Norwegen zu einem beliebten Reiseziel. Es ist ein Paradies für alle, die nicht unbedingt südliche Sonne und ganzjähriges Badewetter suchen.

Farbenrausch der Natur und Wechselspiele des Lichts

Länger als andere Länder Europas wurde Norwegen vom Eis modelliert. Heute noch bedecken mächtige Gletscher zahlreiche Gebirge, obwohl die nordischen Berge keine alpinen Höhen erreichen. Tiefe *Fjorde* wechseln mit stillen *Seen*, tosende *Wasserfälle* mit einsamen *Fjellge-bieten*, immense dichte *Wälder* folgen auf fruchtbare und liebliche Täler. Einer mehr als 20 000 km langen zergliederten Küste sind über 150 000 Inseln und Schären vorgelagert.

Man kann nicht genug bekommen von den **Landschaftsstimmungen**, von der Frühlingsblüte am Fjord, wenn die Berge noch schneebedeckt sind, von dem intensiven Licht, den hellen nordischen Sommernächten und dem faszinierenden Farbenspiel der **Mitternachtssonne**, die Land und Meer bald in rosafarbenen Schimmer taucht, bald glutrot,

goldgelb oder fahl-bleich beleuchtet. Beeindruckend ist auch die Farbsinfonie im Spätsommer, welche die Finnmarks- oder Hardangervidda mit flammenden Herbsttönen überzieht. Die langen dunklen Winternächte, in die das **Nordlicht** tanzende Farben hineinzaubert, haben einen ganz eigenen Reiz.

Aber Norwegen bietet weit mehr Attraktionen als eine atemberaubende Naturvielfalt. Reisende aus aller Welt sind seit jeher von den Fjorden Westnorwegens begeistert, von den Wikingerschiffen, den Stabkirchen und den Freilichtmuseen im ganzen Land. Die ersten Touristen, vielfach Engländer, kamen auch wegen der ausgezeichneten *Lachsflüsse*,

Oben links: *Polarlicht – faszinierendes Phänomen des Nordens*
Oben: *Norwegens unkomplizierte Gemütlichkeit – an der Aker Brygge in Oslo*
Unten links: *Ein freundliches Gesicht – Norwegens Willkommensgruß*
Unten: *Norwegens Naturgewalten – Nærøyfjord zwischen Bergriesen*

und das *Wintersportparadies* Norwegen ist spätestens seit 1994 weltweit bekannt, als das kleine Städtchen Lillehammer die 17. Olympischen Winterspiele ausrichtete.

Von Oslo bis zum Nordkap

Norwegen wird von seiner Form her oft mit einem Löwen verglichen, der ins Skagerrak zu springen scheint. Wo man seinen Hals vermuten würde, im Bereich des Oslofjords, liegt mit der **Hauptstadt Oslo** das bevölkerungsmäßige und wirtschaftliche Zentrum des Landes. Hier tummeln sich Kulturbegeisterte und Shoppingfans ebenso wie historisch Interessierte, die in den großartigen Museen der Kapitale auf ihre Kosten kommen. Ebenfalls lebhaft, besonders in den warmen Monaten, geht es an der lieblichen Südküste und im **Schärengürtel** zu, dem Sommerferiengebiet der Norweger.

Sehr viel landschaftliche Abwechslung bieten die berühmten **Fjorde** an der Westküste wie der Hardangerfjord, der Sogne- oder Nordfjord, die sich weit ins Land hinein erstrecken. Ihre Wasserfläche ist oft glatt wie ein Spiegel und gibt das Bild idyllischer Dörfer am Ufer und dramatischer Höhenzüge im Hintergrund als faszinierende Doppelung wieder. Mächtige **Gebirge** wie das Jotunheimen, die Hardangervidda, das Rondane oder Dovrefjell erheben sich im Landesinneren, wo die Urgewalt der **Gletscher** noch hautnah spürbar ist. Ganz andere Eindrücke hinterlässt der ›Rücken des Löwen‹: Nördlich von Trondheim in der grandiosen Natur des Nordlands und besonders in Lappland weitet sich die Landschaft, es wird einsam.

Norwegen bedeutet ›Weg nach Norden‹ und der ist lang: 1750 km Luftlinie misst das Land von Süd nach Nord, 2518 Straßenkilometer sind es von Lindesnes im Süden bis zum Nordkap. Man tut gut daran, sich im Urlaub nicht zuviel vorzunehmen. Immer wieder windet sich die Strecke vom Fjord übers Fjell zum nächsten Fjord und das braucht – trotz sehr gut ausgebauter Straßen – seine Zeit. Es wäre auch schade, das Land nur durch die Autoscheibe zu erleben.

Erholung und sportliche Aktivitäten

In Norwegen kann man wunderbar ausspannen, ein paar Tage in einem *Berg-* oder *Fjordhotel* oder in einer der vielen

Oben: *Nordische Pagodenstimmung in Holz – Stabkirche Heddal bei Notodden*
Oben rechts: *Jugendstil in Ålesund*
Unten: *Die Finnmarksvidda im herbstlichen Farbenrausch*
Unten rechts: *Im Bann blauer Eismassen, an der Gletscherzunge des Nigardsbreen*

Hütten am Wasser verbringen, angeln gehen, über Fjordwiesen aufs Fjell wandern und zuschauen, wenn Dunst und Nebel allmählich den tiefblauen Fjord freigeben.

Wer sich sportlich betätigen will, hat schier unbegrenzte Möglichkeiten. **Bergsteiger** finden auf der Hardangervidda, im Jotunheimen-Gebirge, auf den Lofoten oder der Finnmarksvidda mehr verlockende Ziele, als auch im längsten Urlaub zu erklimmen wären. *Kletterer* schätzen das Jotunheimen und die Lofotenberge, *Gletschertouren* sind auch für ungeübte Stadtmenschen unter sachkundiger Führung möglich. Eine der ›norwe-

gischsten‹ Arten Urlaub zu machen, sind **Wanderungen** von Berghütte zu Berghütte, die Komfort und eine behagliche Atmosphäre am knisternden Kamin bieten. **Wassersportler** zieht es nach Südnorwegen, wo man auch schöne Sandstrände findet, allerdings erreichen Nordsee und Atlantik trotz des wärmenden Golfstroms kaum gemütliche ›Badewannen-Temperaturen‹.

Sein gemäßigtes, eher kühles **Klima** macht Norwegen allerdings nicht gerade zu einem bevorzugten Ziel für Badeurlauber. Man hat gute Chancen, die Sonne zu sehen – oft zwischen zwei Regenschauern. Besonders an der Westküste

muss mit Niederschlägen gerechnet werden, wohingegen das Landesinnere im Regenschatten der großen Bergmassive eher beständiges Wetter aufweist.

Lebendige Vergangenheit und Moderne

Historische Zeugnisse und Spuren frühester Besiedlung sind über das ganze Land verstreut. Der Mensch hat hier seit der Steinzeit Zeichen gesetzt, wie die vielfältigen **Felsritzungen** von Südnorwegen bis hinauf nach Lappland zeigen. Aus der Epoche der **Wikinger** sind die berühmten *Schiffe* und sehenswerte *Häuptlingsburgen* erhalten, die zum Teil für Besucher restauriert und wieder hergestellt wurden. Malerische Zeugnisse der Christianisierung, die mit Olav Tryggvason und dem späteren Nationalheiligen Olav Haraldsson um die erste Jahrtausendwende begann, sind die zahlreichen **Stabkirchen**. Mit ihren heruntergezogenen *Schindeldächern* und geschnitzten Drachenköpfen bieten sie einen einzigartigen Anblick. Schlichtheit bestimmt den Innenraum, dessen oft einziger Schmuck aus verspielten Holzornamenten und farbigen Dekors besteht.

Vom einfachen Leben der nordischen Bevölkerung zeugen auch die liebevoll instand gesetzten *Bauernhäuser* und *Werkstätten* in den **Freilichtmuseen**, die Einblick geben in die meist harten Lebensbedingungen der Menschen.

Doch Norwegen hat in den letzten Generationen eine rasante Entwicklung durchgemacht von einem sehr armen Land der Fischer und Bauern, einem klassischen Auswandererland, zu einem der wohlhabendsten Staaten der Welt – dank der **Ölvorkommen** in der Nordsee. Der daraus resultierende Reichtum erlaubt den Norwegern den Luxus, ihr ganzes großes Land zu bewohnen und es von Oslo bis ans Nordkap mit der gleichen *guten Infrastruktur* zu versorgen. »Norwegen, diese Extravaganza an der Peripherie Europas, zwischen Ölterminal und Sommerhütte, Einödhof und Glasarchitektur, Kapitalexport und Gottesfrieden«, wie Hans Magnus Enzensberger in seinem Essay ›Norwegische Anachronismen‹ treffend schreibt, ist voller interessanter Gegensätze. »Private Verschwendung« betrachten die Norweger »mit scheelen Augen, öffentlichen Luxus mit patriotischem Stolz«. Sie »sind Hinterwäldler und Kosmopoliten zugleich. Heute ist Norwegen Europas größtes Heimatmuseum, aber auch ein riesiges Zukunftslabor«.

Während sich der *Lebensstil* eines Städters in Oslo, Stavanger oder Bergen nicht wesentlich von dem eines Mitteleuropäers unterscheidet, gehen die Uhren auf dem Land, wo der Einzelhof die Hauptsiedlungsform ist und das nächste Zentrum oft stundenlange Autofahrt entfernt liegt, anders.

Oben: Ein Highlight für Wanderfreunde ist das wildromantische Felsplateau des Preikestolen hoch über dem Lysefjord
Oben links: Nordische Beschaulichkeit – Fischerboote vor den Ufern Trondheims
Unten: Rentierherden sind ein häufiger Anblick in den Weiten Lapplands

Land und Leute

Der Norweger ist groß, blond, naturverbunden und ein Individualist, so lautet das Klischee, das einen wahren Kern hat. Die meisten haben tatsächlich ein sehr enges Verhältnis zur Umwelt, verbringen einen großen Teil ihrer Freizeit mit Wandern, Angeln oder Skilaufen. Und sie lieben ihre Hytta, ihr Ferienhäuschen am Fjell, See oder Meer, das liebevoll instand gehalten wird und an Ostern, Weihnachten und im Sommer Treffpunkt für Familie und Freunde ist.

Sehr angenehm erlebt der Besucher die zurückhaltend offene Art der Menschen in dem nordischen Staat, ihre unaufdringliche Herzlichkeit und **Gastfreundlichkeit**. Die Norweger scheinen außerdem sehr sprachbegabt zu sein: Fast überall kann man als Urlauber damit

rechnen, Menschen zu treffen, die englisch oder sogar deutsch sprechen. Dass Norwegen ein ausgesprochen *kinderfreundliches Land* ist, bestätigt den positiven Eindruck.

Der Reiseführer

In diesem Band wird das **Reiseland Norwegen** in einer Betrachtung von Süd nach Nord in *vier Kapiteln* beschrieben: Beginnend mit der Hauptstadt Oslo und der Region um den Oslofjord, wird dann die Südküste bis nach Stavanger und Haugesund vorgestellt mit einem Abstecher in das lange Zeit abgeschiedene Setesdal. Nördlich von Haugesund folgen Bergen und die berühmten Fjorde der Westküste bis zur historischen Hauptstadt Trondheim. Anschließend wird das Landesinnere beschrieben, dessen in Nord-Süd-Richtung verlaufende Talzüge hier vom Østerdal im Osten bis zum Numedal im Westen dargestellt sind. Ein letzter Abschnitt umfasst Nordnorwegen mit den Lofoten, dem Nordkap und Lappland sowie dem zwischen Norwegen und dem Nordpol gelegenen, bizarr-faszinierenden Archipel Spitzbergen (Svalbard).

Auf besondere Höhepunkte bei Sehenswürdigkeiten, Hotels und Restaurants, Wanderungen etc. verweisen die **Top Tipps**. Den Besichtigungspunkten sind **Praktische Hinweise** mit Tourismusbüros, Hotel- und Restaurantempfehlungen sowie Informationsstellen angegliedert. Die Orientierung erleichtern **Übersichtskarten** und **Stadtpläne**. **Norwegen aktuell A bis Z** präsentiert Nützliches von Informationen vor Reiseantritt bis zu Verkehrsmitteln. Hinzu kommt ein umfassender **Sprachführer**. **Kurzessays** zu verschiedenen Themen runden den Reiseführer ab.

Geschichte, Kunst, Kultur im Überblick

Wikinger, Hansekaufleute und Polarforscher, ›weiße Städte‹ und ›schwarzes Gold‹

um 9000 v. Chr. Älteste bislang entdeckte Spuren dokumentieren, dass bereits in vorgeschichtlicher Zeit in Südnorwegen Menschen als Jäger und Fischer lebten. Eine deutliche Klimaerwärmung um 8000 v. Chr. ermöglicht die Besiedlung entlang der Küste bis in den hohen Norden.

um 4000 v. Chr. Die Menschen beginnen, im Bereich des Oslofjords und nahe Bergen Ackerbau zu betreiben.

1800–500 v. Chr. Im Handel mit dänischen Stammeshäuptlingen werden Pelze und Feuersteine gegen Waffen, Schmuck und nunmehr aufkommende Bronzegeräte getauscht.

500 v. Chr.–800 n. Chr. Während der Eisenzeit verändert eine Klimaverschlechterung die Vegetation. Von den Kelten Mitteleuropas kommt die Kenntnis des Eisenschmelzens nach Norwegen.

793 Die Zerstörung des Klosters Lindisfarne an der Ostküste Nordenglands durch die Wikinger wird als Beginn der Wikingerzeit gesehen. Sie waren jedoch nicht nur Plünderer und Brandschatzer, sondern auch friedliche Handelsreisende und Kolonisten, ausgezeichnete Schiffsbauer und Seeleute, wie ihre mehrfachen Atlantiküberquerungen beweisen.

800–900 Die kleinen norwegischen Bauerngemeinschaften schließen sich in Verwaltung und Verteidigung zu größeren Einheiten zusammen. In der zweiten Hälfte des 9. Jh. lassen sich Wikinger auf Island nieder, das zum Zentrum der norwegisch-isländischen Sagaliteratur wird. Sagas zählen zu den wichtigsten Informationsquellen. Sie wurden von Generation zu Generation mündlich überliefert, bis Snorri Sturluson (1179–1241) u. a. sie aufschrieben.

um 872 In der Schlacht am Hafrsfjord bei Stavanger besiegt Harald Schönhaar

Siegreich: Wikingerkönig Harald Schönhaar in der Schlacht am Hafrsfjord

(Hårfagre; 865–933) die norwegischen Kleinkönige, eint das Reich und wird erster oberster Herrscher Norwegens.

um 1000 Der Saga nach entdecken Eirik der Rote Grönland und sein Sohn Leiv Eiriksson Amerika. Vermutlich hatten jedoch schon andere Wikinger vor ihnen diese Gebiete betreten.

Olav Tryggvason, ein Urenkel Harald Schönhaars, wird bei seinen Fahrten in Europa zum Christentum bekehrt und beginnt gewaltsam die Christianisierung in Norwegen.

um 1015 Der Schönhaar-Nachfahre Olav Haraldsson vollendet die Christianisierung, stärkt dadurch die Königsmacht und wird nach seinem Tod 1030 zum Nationalheiligen Norwegens erklärt.

1030–35 Norwegen steht unter der Dänenherrschaft Knuts des Großen.

1030–1130 Dem Sohn von Olav Haraldsson, Magnus dem Guten, der 1042–1047 auch König von Dänemark ist, gelingt es, das Königreich zu konsolidieren. Die Niederlage von König Harald Hardråde (der Harte) bei Stanford Bridge in England 1066 gilt allgemein als Ende der Wikinger-Epoche. Norwegen erlebt eine Blüte, Städte werden gegründet, es entstehen rund 800 Kirchen, zumeist aus Holz errichtete Stabkirchen. Die Bauern sind Pächter der Krone, der Kirche oder des Adels und nicht mehr Hofbesitzer wie noch zur Wikingerzeit, haben aber im Gegensatz zum sonstigen Europa einen freien Status.

1130–1240 Die Kombination aus Erb- und Wahlkönigtum führt zu Bürgerkriegen. Die Kirche kann zunehmend Einfluss auf die Thronfolge nehmen. 1152 wird Norwegen eigene Kirchenprovinz mit Erzbistum in Nidaros (Trondheim).

1217–63 Die Bürgerkriege lassen nach. Norwegen blüht auf und wird mächtig.

1274–76 König Magnus Lagabøter (der Gesetzgeber) erlässt die erste für das ganze Land geltende Gesetzessammlung. Norwegen betreibt Handel mit England, Frankreich und gegen Ende des 13. Jh. zunehmend mit der deutschen Hanse, die das dringend benötigte Korn liefert.

um 1300 Der norwegische König muss den Städten des Hansebundes Sonderrechte gewähren. Bergen wird zu einer wichtigen Niederlassung der deutschen Kaufleute.

1349 Die Pest bricht in Bergen aus und rafft die Hälfte der norwegischen Bevölkerung hin. Siedlungen veröden, Adel und König verlieren Einkommen und Macht. Besser ergeht es der Kirche, die größter Grundbesitzer des Landes bleibt. Der wirtschaftliche Niedergang wirkt sich auch politisch aus. Hanseatische Kaufleute beherrschen den norwegischen Außenhandel.

1380 Durch Heiratspolitik schließt sich Norwegen mit Dänemark zu einer Union zusammen, die bis 1814 besteht.

1397–1521 Die wachsende Macht der Deutschen erregt im Norden Sorge und führt zur Kalmarer Union, einer Vereinigung von Dänemark, Schweden und Norwegen.

1536 Norwegen wird als Teil Dänemarks von Kopenhagen aus regiert. Der norwegische Reichsrat wird abgeschafft, die Kirche verliert ihre Selbstständigkeit.

1537 Die Reformation stärkt die Macht des Königs,

Regent zu Wasser und zu Land: König Christian IV. von Dänemark

der Oberhaupt der Kirche ist und dem deshalb der große Grundbesitz der katholischen Kirche zufällt. Norwegen wird von einem Statthalter verwaltet, der auf Akershus in Oslo residiert.

1588–1648 Der dänische König Christian IV. besucht das Land viele Male. Der militärisch ausgesprochen glücklose Herrscher beteiligt sich auf protestantischer Seite am Dreißigjährigen Krieg (1618–48). Trotz der Niederlagen bleibt sein Reich erhalten. In weiteren Kriegen gehen die norwegischen Randgebiete Jemtland und Herjedalen sowie Bohuslän an Schweden verloren.

1709–21 Im Nordischen Krieg versucht Frederik IV. erfolglos, die verlorengegangenen Gebiete zurückzuerobern.

1807–14 Weil Großbritannien Kopenhagen 1807 angreift, verbündet sich der dänische König Frederik VI. mit Napoleon und unterstützt dessen Kontinentalsperre. Dadurch wird Norwegen vom Außenhandel abgeschnitten. Norwegen verliert 550 Schiffe, Holz- so-

wie Fischausfuhr gehen zurück und die lebensnotwendigen Kornlieferungen bleiben aus.

1811 Gründung der ersten norwegischen Universität in Christiania, dem späteren Oslo.

1814 Dänemark muss nach Napoleons Niederlage in der Völkerschlacht bei Leipzig Norwegen an Schweden abtreten. Norwegen weigert sich, den Kieler Frieden anzuerkennen.

17. Mai 1814 In Eidsvoll wird eine Versammlung einberufen, die in sechs Wochen eine Verfassung nach französischem Vorbild ausarbeitet. Der dänische Prinz Christian Frederik wird zum König eines freien, selbstständigen und unabhängigen Norwegen gewählt, das die Großmächte jedoch nicht anerkennen. Schwedens Kronprinz Karl Johan setzt die Bestimmungen des Kieler Friedens in einem kurzen Krieg durch.

10. Oktober 1814 König Christian Frederik tritt zurück. Das Storting (Parlament) beschließt die Union mit Schweden (1814–1905). Nor-

Nationale Einigkeit: Volksabstimmung zur Aufhebung der Union mit Schweden

wegen behält aber seine neue Verfassung.

ab 1820 Auf kulturellem Gebiet kommt es zu einer Blüte und einer Besinnung auf die norwegische Identität. Ivar Aasen (1813–1896) formt aus lokalen Dialekten die neue Schriftsprache Landsmålet, die heute als nynorsk bezeichnet wird. Dichter wie Henrik Wergeland setzen sich für eine ›norwegischere‹ Sprache ein. P. C. Asbjørnsen schreibt norwegische Volksmärchen auf.

1825–1930 Über 800 000 Norweger wandern nach Nordamerika aus.

1840 Neue Industriezweige wie Textilfabriken und mechanische Werkstätten entstehen.

1850–80 Die norwegische Schifffahrt erlebt durch die Zunahme des Welthandels einen Aufschwung. Norwegen hat nach Großbritannien und den USA die drittgrößte Handelsflotte.

1854 Die erste Bahnstrecke zwischen Oslo und Eidsvoll wird eingeweiht. 1855 wird die erste Telegrafenlinie, 1880 die erste Telefonlinie in Betrieb genommen.

1860–70 Holzschliff-, Zellstoff- und Konservenfabriken entstehen.

1884 Einführung des parlamentarischen Systems.

1887 Gründung der Arbeiterpartei.

1898 Allgemeines Wahlrecht für Männer, 1913 auch für Frauen.

1905 Auflösung der Union mit Schweden. In einer Volksabstimmung entscheiden sich die Norweger für die Monarchie. Der dänische Prinz Carl wird König von Norwegen und nimmt den Namen Haakon VII. an, der Kronprinz den Namen Olav V.

1914–18 Im Ersten Weltkrieg sympathisiert das neutrale Norwegen mit den Briten, zu denen traditionell gute Beziehungen bestehen. Das führt zu Spannungen mit Deutschland. Deutsche U-Boote versenken die Hälfte der norwegischen Handelsmarine, 2000 Seeleute finden den Tod.

1918–40 Nach einem kurzen Aufschwung beginnt der schwere wirtschaftliche Niedergang mit hoher Arbeitslosigkeit und Inflation. Nur die Schifffahrt bleibt davon verschont.

1919 Ein Branntweinverbot wird erlassen, nach einigen Jahren aber wieder aufgehoben; es sichert jedoch dem norwegischen Staat bis heute entscheidenden Einfluss durch seine Vertriebsgesellschaft A/S Vinmonopolet.

1920 Norwegen wird Mitglied im Völkerbund.

1922 Fridtjof Nansen erhält den Friedensnobelpreis für seinen Einsatz als Oberkommissar des Völkerbundes für Kriegsgefangene und Flüchtlinge.

1940 Deutschland greift Norwegen am 9. April an. Kampfhandlungen dauern in Südnorwegen bis zum 5. Mai, in Nordnorwegen bis zum 7. Juni. Eine Besatzungspolitik wie in Dänemark (Zusammenarbeit) ist in Norwegen durch das klare Nein von König und Regierung nicht möglich. König, Kronprinzenfamilie und Kabinett verlassen das Land, um den Kampf gegen die Deutschen von London aus weiterzuführen.

1940–44 Der zivile Widerstand gegen die Besatzungsmacht und gegen die Regierung der Kollaborateure unter Vidkun Quisling (ab 1942), dessen Anhängerschaft nur 1,5 % der Bevölkerung betrug, wächst. Politische Unterdrückung, Konzentrationslager, Judenvernichtung, Repressalien, Sabotageakte und Hinrichtungen prägen diese Zeit. Das Land dient als Aufmarschgebiet für den Kampf gegen die Sowjetunion, bis zu 430 000 deutsche Soldaten stehen als Besatzungstruppen im Land. Beim Rückzug der deutschen Truppen im Jahr 1944 wird schließlich die Finnmark nach der Taktik der ›verbrannten Erde‹ fast völlig zerstört.

8. Mai 1945 Kapitulation der deutschen Truppen.

7. Juni 1945 König Haakon VII. kehrt nach Norwegen zurück.

1949 Mit dem Beitritt zur NATO (1945) gibt Norwegen seine Neutralität auf. Die Nachkriegszeit ist von starkem wirtschaftlichem Aufschwung geprägt.

1952 Dänemark, Finnland, Island, Norwegen und Schweden gründen den Nordischen Rat.

1957 König Haakon VII. stirbt, Nachfolger ist sein Sohn Olav V., der als Segler 1928 olympisches Gold errungen hat.

1959 Norwegen schließt sich der Europäischen Freihandelszone EFTA an.

1971 Beginn der kommerziellen Erdölbohrungen in der Nordsee.

1972 Norwegens Bevölkerung stimmt gegen eine EWG-Mitgliedschaft.

1986 Erste ›Frauenregierung‹ unter Ministerpräsidentin Gro Harlem Brundtland, in der acht von 18 Ministerämtern mit Frauen besetzt sind.

1989 Norwegens Urbevölkerung, die Samen, erhalten ein eigenes Parlament, das Sameting.

1991 Nach König Olavs V. Tod übernimmt Harald V. den Thron.

1994 Im Februar finden die 17. Olympischen Winterspiele in Lillehammer statt. Im November stimmt die Bevölkerung erneut gegen eine EU-Mitgliedschaft.

1996 Ministerpräsidentin Gro Harlem Brundtland tritt zurück.

1997 Der Christdemokrat Kjell Magne Bondevik wird neuer Ministerpräsident.

1999 Norwegens Kronprinz Haakon eröffnet ›Fatima‹ (Fastlandsforbindelse til Magerøya), den mit 6,8 km

Ein Hoch auf Olympia! Sportspektakel in Lillehammer 1994

längsten Unterseetunnel der Welt. Er führt 212 m unter dem Meeresspiegel von Kåfjord auf dem Festland zur Nordkapinsel Magerøya.

2001 Im August heiratet Kronprinz Haakon Mette-Marit Tjessem Høiby, die ein uneheliches Kind mit in die Ehe bringt. Die gemeinsame Tochter Ingrid Alexandra wird 2004 geboren.

2002 Laut eines UN-Berichts zur menschlichen Entwicklung lebt es sich in Norwegen weltweit am besten. Untersucht wurden Durchschnittsalter, Einkommen und Bildung in 173 Ländern

2003 In Ålesund wird im Juni das Jugendstilsenteret mit großer Design- und Möbelsammlung eröffnet.

2004 Im Juli wird das 1037 km² große Archipel der Vega-Inseln von der UNESCO zum Welterbe erklärt. Die raue Insel- und Schärenwelt nördlich von Trondheim in Sør-Helgeland, Brønnøysund, umfasst rund 6500 Eilande. Im August werden zwei der berühmtesten Gemälde Edvard Munchs (Der Schrei, Madonna) aus dem Munchmuseum in Oslo gestohlen.

2005 Norwegen feiert die friedliche Auflösung der Union mit Schweden (1905) und begeht das einhundertjährige Jubiläum seiner Unabhängigkeit. In Oslo eröffnet das neue Nobels Fredssenter.

Frauenpower bis 1996 – Ministerpräsidentin Gro Harlem Brundtland

Berühmt und ein wahrer König unter seinesgleichen –
der Geirangerfjord im hohen Norden

Unterwegs

Oslo und Südnorwegen – Metropole und Sommeridyll im Schärengarten

Mit dem Schiff in den Oslofjord einzufahren, ist einer der schönsten Wege, sich Norwegen zu nähern. Die lebhafte Hauptstadt **Oslo**, für viele Urlauber das erste Etappenziel ihrer Reise, liegt eingebettet in grüne Natur am Ende des Fjordes. Nach Osten erstreckt sich das **Østfold**, wo Festungen in dem hügeligen, waldigen Landstrich an die nahe Grenze zu Schweden erinnern. Am gegenüberliegenden Ufer des Oslofjordes, dem **Vestfold**, blickt man auf Orte wie das alte Tønsberg und die berühmte Walfangstadt Sandefjord.

Die **Südküste** ist das Feriengebiet der Norweger. Hier findet man feine Sandstrände, einen Schärengürtel mit unendlich vielen Inseln und noch mehr bunten Sommerhäuschen sowie idyllische Hafenstädte mit blitzweißen Holzhäusern, die ihren Aufschwung der Segelschifffära verdanken. Schmucke Villen wohlhabender Reeder und Großkaufleute erinnern an diese Epoche.

Wer in die Berge möchte, braucht nur ein Stück nach Norden zu fahren, vorbei an glasklaren Seen, rauschenden Flüssen und einsamen Wäldern in der **Telemark** und im **Setesdal**.

▮1 Oslo

Plan Seite 20/21

Haupt- und Residenzstadt des Königreichs Norwegen, Sitz von Regierung und Universität.

Oslo ist die älteste der skandinavischen Hauptstädte und flächenmäßig eine der größten Europas (454 km², 480 000 Einwohner). In einzigartiger Lage erstreckt sie sich am Oslofjord zwischen dem Meer und dem ausgedehnten Waldgebiet der Oslomarka, das 80 % der Stadtfläche einnimmt. Lange haftete Oslo der Ruf einer verschlafenen Provinzstadt an. Das hat sich gründlich geändert, sicher auch durch den Erdölboom der letzten Jahrzehnte. Oslo hat sich zu einer modernen Metropole mit einem vielseitigen Kulturleben, interessanten Museen und großstädtischen Einkaufszentren entwickelt.

Geschichte   Die Stadt im eigentlichen Sinne wurde im Jahr 1048 von König *Harald Hardråde* am Fuß des Ekeberg-Hügels östlich des heutigen Zentrums gegründet. Dieser Herrscher machte Oslo zu einem der größten Häfen im Süden des Landes, 1062 wurde es zum **Bischofssitz** erhoben. Als *Håkon V.* (1280–1319) Oslo statt Bergen als seine Residenz wählte und dadurch zu einer gewissen Blüte brachte, zählte die Stadt 3000 Einwohner. Zum Schutz seiner neuen Hauptstadt ließ Håkon V. die Festung Akershus auf einer Erhebung westlich der Stadt errichten. Um das Jahr 1300 besaß Oslo neben einem Bischofssitz und dem **Königshof** fünf Kirchen, drei Klöster sowie ein Krankenhaus. Spuren dieses mittelalterlichen Oslos findet man heute noch im Viertel Bispevika östlich des Hafenbeckens.

Im Spätmittelalter erlebte die Stadt einen Niedergang, der auf die Pestepidemie Mitte des 14. Jh., das Erstarken der konkurrierenden Hansestädte und die Verlegung des Königssitzes nach Stockholm und später – nach der Union mit Dänemark – nach Kopenhagen zurückzuführen ist. Große Feuersbrünste, die fast in jeder Generation die Stadt heimsuchten, kamen erschwerend hinzu. Nach dem verheerenden Brand im August 1624, der Oslo in Schutt und Asche legte, ließ *Christian IV.*, König von Dänemark und Norwegen, eine neue Stadt im Schutz der Festung Akershus anlegen, die nach ihrem Bauherrn **Christiania** be-

Geschmacksverirrung oder Errungenschaft der Moderne: An der Architektur des Rådhuset, Oslos Wahrzeichen, scheiden sich die Geister

nannt wurde. Der schachbrettartige Grundriss bestimmt bis heute das Zentrum.

Die Union mit **Dänemark** brachte für die Seefahrer- und Handelsstadt eine Zeit der Stagnation. Das kulturelle und politische Leben spielte sich in Stockholm, Kopenhagen und zum Teil auch in Bergen ab. Ein Aufschwung setzte erst nach der Trennung von Dänemark 1814 ein, und es begann eine rege **Bautätigkeit**: Das Königliche Schloss, das Parlamentsgebäude Stortinget, Universität, Nationaltheater, Museen und das Viertel um die Prachtstraße Karl Johans gate entstanden in dieser Epoche.

Als 1905 die Union mit Schweden leise und vor allem unblutig aufgelöst wurde, erhielt Kristiania (seit 1877 galt die Schreibweise mit K) wieder den Status als **Hauptstadt** eines unabhängigen Königreichs Norwegen. Seit 1925 führt die Stadt ihren ursprünglichen Namen Oslo.

Besichtigung Im Folgenden werden fünf Rundgänge beschrieben, die unterschiedlich viel Zeit in Anspruch nehmen, je nachdem, ob und wie ausführlich den zahlreichen Museen der Stadt ein Besuch abgestattet wird. Die Rundgänge führen in das südlich gelegene Hafengebiet, dann in den Westen und auf die Mu-

seumshalbinsel Bygdøy, in den Norden und schließlich in den Osten der Stadt.

Rund um den Hafen

Nähert man sich Oslo mit dem Schiff, grüßt schon von weitem das monumentale **Rådhuset** ❶ (Mai–Aug. Mo–So 8.30–17 Uhr, im Winter Mo–So bis 16 Uhr) mit seinen beiden massiven Türmen am Hafenbecken Pipervika. 1950 wurde das Rathaus anlässlich der 900-Jahr-Feier der Stadtgründung eingeweiht. Damals rief der Bau in seiner Stilmischung aus Nationalromantik, Klassizismus und Funktionalismus einen Sturm der Entrüstung hervor. Heute ist es ein Wahrzeichen Oslos, wenn auch nach wie vor vielen Norwegern ein Dorn im Auge. Bemerkenswert ist die *astronomische Uhr* an der Stadtseite des Gebäudes. Im Inneren sieht man Henrik Sørensens *Monumentalgemälde* zum Thema ›Das Volk, Arbeit und Fest‹ sowie *Fresken* und Malereien von Edvard Munch, Per Krogh, Axel Revold und Alf Rolfsen. Jedes Jahr am Todestag Alfred Nobels, dem 10. Dezember, findet im Prunksaal des Rathauses die feierliche Verleihung des Friedensnobelpreises statt.

Das am 11. Juni 2005 eröffnete **Nobels Fredssenter** ❷ (Mo–Fr 9–19, Sa/So 10–18 Uhr, www.nobelpeacecenter.org) im al-

Lebendiges Oslo: Die Freiheit der Jugend ist in Norwegen nicht nur eine Floskel

ten Bahnhof Vestbanen dokumentiert die Geschichte Alfred Nobels und aller Nobelpreise. Man möchte ein Forum für aktuelle Diskussionen über und künstlerische Aueinandersetzungen mit gegenwärtigen weltweiten Konflikten bieten.

Westlich des Hafenbeckens im Bereich der **Aker Brygge** ❸ brodelt das Leben. Dieses Büro-, Geschäfts- und Unterhaltungsviertel am Meer entstand Ende der 1980er-Jahre auf dem Gelände der ehem. Werft. Heute locken zahlreiche Restaurants, Kneipen und Geschäfte Einheimische wie Touristen zum Bummeln. An Sommerabenden herrscht fast südländisches Flair am Kai mit Blick auf die alte Festung Akershus und den Fährverkehr im Hafen.

Die Ostseite des Hafens wird vom **Akershus Festning og Slott** ❹ (Info Center: Mitte Juni–Mitte Aug. Mo–Fr 9–17, Sa/So 11–17 Uhr, sonst Mo–Fr 9–16, Sa/So 11–16 Uhr; Schloss: Mai–Mitte Sept. Mo–Sa 10–16, So 12.30–16 Uhr; Gelände: tgl. 6–21 Uhr) bestimmt, einem der bedeutendsten Zeugnisse des mittelalterlichen Oslo. Die Festung wurde 1299–1319 von König Håkon V. erbaut, in den folgenden Jahrhunderten mehrfach belagert, jedoch nur einmal, im Zweiten Weltkrieg, eingenommen. Im frühen 17. Jh. ließ Dänenkönig Christian IV. die Burg in ein Renaissanceschloss umbauen. Heute finden im prächtigen *Olavssaal* Konzerte und in der *Schlosskirche* Gottesdienste statt. In der königlichen *Grabkapelle* unter der Schlosskirche sind Königin Maud, König Haakon VII., Kronprinzessin Märtha und König Olav V. beigesetzt.

Im Festungsbereich liegt das **Hjemmefrontmuseet** ❺ (Widerstandsmuse-

um, Mitte Juni–Aug. Mo/Mi/Fr/Sa 10–17, Di/Do bis 18, So 11–17 Uhr, Mitte April–Mitte Juni/Sept. jeweils bis 16 Uhr, Okt.–Mitte April Mo–Fr 10–15, Sa/So 11–16 Uhr), das die deutsche Besetzung Norwegens im Zweiten Weltkrieg sowie den zivilen und militärischen Widerstand dagegen sehr anschaulich und berührend darstellt.

Am Festningsplassen ist das **Forsvarsmuseet** ❻ (Juni–Aug. Mo–Fr 10–18, Sa/So 11–16 Uhr, Sept.–Mai Mo–Fr 10–15, Sa/So 11–16 Uhr) im ehem. Arsenal von 1860 untergebracht. Das Verteidigungsmuseum ist der norwegischen Militärge-

schichte von der Wikingerepoche bis in die heutige Zeit gewidmet.

Die Ausstellung **Christiania Bymodell** (Juni–Aug. Do–So 12–17 Uhr) im großen Fachwerkgebäude Frognerveien 67 im nördlichen Festungsbereich erläutert die Entwicklung der Reißbrettstadt König Christians IV. in Karten, Stadtansichten, mit einer Multimediashow sowie einem Modell der Stadt im Maßstab 1:50.

Über die Kongensgate erreicht man das streng schachbrettartig angelegte Straßennetz von **Alt Christiania**. Rechter Hand am Bankplassen liegt das **Museet**

for Samtidskunst **7** (Di/Mi/Fr 10–17, Do 10–20, Sa 11–16, So 11–17 Uhr), das der zeitgenössischen Kunst gewidmet ist. In der Rådhusgate befand sich das **erste Rathaus** der Stadt von 1641. Seit 1700 diente das Gebäude verschiedenen anderen Zwecken, heute findet man hier das traditionsreiche, gute Restaurant *Gamle Raadhus*, das schon seit 1856 existiert, und das **Teatermuseet** **8** (Mi 11–15, Do/ So 12–16 Uhr), welches anhand von Fotografien, Kostümen, Karikaturen und Bühnenbildern Osloer Theatergeschichte präsentiert.

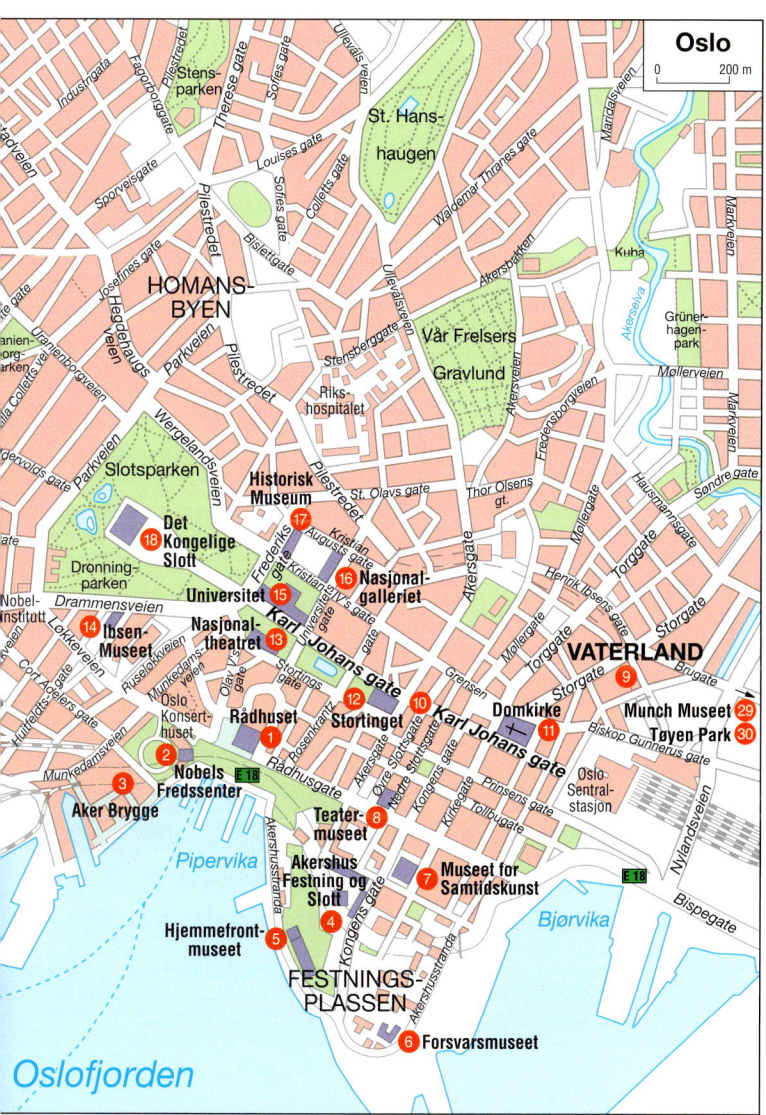

Beerenfreuden: frische Gaben des Landes auf dem Marktplatz am Stortorvet

Am Ostende der ›Quadratur‹ liegt Oslos Hauptbahnhof. Nördlich der *Sentralstasjon* schossen Ende der 80er-Jahre des 20. Jh. im Stadtteil **Vaterland** ❾ einige Glasriesen wie das 117 m hohe Plaza Hotel und der moderne Geschäftskomplex Oslo City aus dem Boden.

Am Bahnhofsplatz beginnt Oslos Prachtstraße **Karl Johans gate** ❿, die fast schnurgerade bis zum Königlichen Schloss führt. Im Volksmund wird die großzügig angelegte Flanier- und Einkaufsmeile nach König Carl IV. Johan (1763–1844) nur Karl Johan genannt. Henrik Ibsen und Edvard Munch promenierten hier täglich, ehe sie sich in ihr Stammlokal *Grand Café* begaben, der Treffpunkt der damaligen Bohème, deren prominenteste Mitglieder dort auf einem großen Wandgemälde verewigt sind.

An die Karl Johans gate grenzen die alten Markthallen **Basarene**, die 1840–59 als überbaute Arkaden für Fleisch- und Lebensmittelhändler errichtet wurden. Heute findet man hier verschiedene kleine Geschäfte, die u. a. auch Kunsthandwerk anbieten.

Die Basarene umschließen die 1664–1697 als Vår Frelser Kirke erbaute und im 19. Jh. umfassend restaurierte **Domkirke** ⓫ (Fr/Sa 22–24 Uhr, Mai–Aug. tgl. 10–16, Sept.–April Mo/Mi–So 12–18, Di 10–16 Uhr). Die *Glasfenster* im Chor wurden 1916 von Emanuel Vigeland ausgeführt (Bruder des berühmten Gustav Vigeland), die *Bronzetüren* (1938) stammen von Dagfinn Werenskiold. Vor der Kirche erstreckt sich der alte Marktplatz **Stortorvet**, auf dem heute Blumen- und Gemüsehändler ihre Waren anbieten.

An der Aker Brygge ist stets was los. Auf der von Fährschiffen gesäumten Hafenpromenade herrscht besonders im Sommer reges Leben

Shoppingmeile, Prachtstraße und Hauptschlagader Oslos: Bei einem Bummel auf der Karl Johans gate spürt man das trubelige Flair der Großstadt

Beim Egertorget trifft man auf das Parlamentsgebäude **Stortinget** ⑫ (Führungen Juli–Mitte Aug.). Der strenge Bau aus gelben Ziegeln und rotem Granit von 1866 wurde nach dem Krieg vergrößert und 1966 restauriert.

An die Stortingsgata grenzt das 1899 eröffnete **Nasjonaltheatret** ⑬ vor dem die beiden größten norwegischen Dramatiker posieren: *Henrik Ibsen* (1828–1906), 1858 Theaterdirektor, und *Bjørnstjerne Bjørnson* (1832–1910), Nobelpreisträger und Verfasser der norwegischen Nationalhymne. Wer auf Ibsens Spuren wandeln möchte, dessen gesellschaftskritische Dramen in ganz Europa für Aufsehen sorgten, dem sei eine Führung durch das **Ibsen-Museet** ⑭ (2005 geschl., Wiedereröffnung zum Ibsenjahr 2006, www.ibsenmuseet.no) in der Arbiens gate 1 empfohlen. In diesem Haus verbrachte Ibsen die letzten elf Jahre seines Lebens; sein Arbeitszimmer ist noch original möbliert.

Auf der anderen Seite des Prachtboulevards liegt die 1811 gegründete **Universitet** ⑮, deren Aula durch *Edvard Munchs* Wandmalereien (1910–16) berühmt wurde. Heute studieren etwa 20 000 Studenten in neuen Gebäuden im Vorort Blindern.

Hinter der alten Universität erreicht man über die Kristian IV's gata zwei der größten Museen des Landes: die Nationalgalerie und das Historische Museum. Die **Nasjonalgalleriet** ⑯ (Eingang Universitetsgate 13, Mo/Mi/Fr 10–18, Do 10–20, Sa 10–16, So 11–16 Uhr) besitzt die größte Sammlung norwegischer und internationaler Kunst im Lande. Hier kann man gut die Entwicklung der norwegischen Malerei zwischen 1814 und 1945 verfolgen. Ei-

In Reih und Glied: Die Königliche Garde vor dem Schloss bietet ein stolzes Bild

nen Schwerpunkt bildet die *nationalromantische Malerei*, die durch Künstler wie J.C. Dahl (einen Schüler Caspar David Friedrichs), Thomas Fearnley, Peder Balke und Hans Gude repräsentiert ist. Der *Naturalismus* des ausgehenden 19. Jh. ist vertreten durch Maler wie Christian Krohg, Erik Werenskiold, Frits Thaulow und die Malerinnen Harriet Backer und Kitty Kielland. Wer nicht genügend Zeit hat, um das Munch Museum zu besuchen, findet hier eine gute Auswahl von Edvard Munchs Werken - oft die erste Version seiner häufig variierten Themen.

Wenige Minuten entfernt (Frederiksgata 2) lohnt das **Historisk Museum** ⑰ (Mitte Mai–Mitte Sept. Di–So 10–16 Uhr, sonst Di–So 11–16 Uhr) einen Besuch. Nor-

wegens größtes archäologisches Museum zeigt modern und informativ aufbereitet Exponate aus der Stein-, Bronze-, Eisen sowie der Wikingerzeit, mittelalterliche Kirchenkunst und geschnitzte Portale von Stabkirchen.

Folgt man der Frederiksgata ein Stück nach Südwesten, erblickt man rechts **Det Kongelige Slott** ⑱, das in leicht erhöhter Lage die lange Karl Johans gate im Westen abschließt. Das im klassizistischen Stil 1825–48 erbaute Schloss dient seit 1849 allen norwegischen Monarchen als Winterresidenz. Karl Johan, dessen Reiterstatue vor dem von ihm in Auftrag gegebenen Gebäude auf einem hohen Sockel steht, hat es jedoch nie bewohnt. Besucher können die königliche Residenz nur im Sommer besichtigen (20.Juni–15.Aug. Mo–Do und Sa 11–16.40 sowie Fr/So 13–16.40 Uhr), aber der große, schöne Park ist jederzeit zugänglich. Die *Wachablösung* vor dem Schloss zieht jeden Tag um 13.30 Uhr viele Zuschauer an.

Westlich des Zentrums

Hier sind vor allem drei Ziele einen Besuch wert: der *Vigelandsparken* in der ausgedehnten Grünanlage **Frognerparken** ⑲, das *Vigeland Museet* und das *Oslo Bymuseum* (Stadtmuseum). Norwegens bekannter Bildhauer Gustav Vigeland (1869–1943) hinterließ einen **Skulpturenpark**, dessen kolossale steinerne Hymne an das Leben unterschiedliches Echo fand. Zu den Hauptelementen seiner ›Kunstachse‹ gehört die mit 58 Bronzeskulp-

Skulpturenrausch: Der Bildhauer Gustav Vigeland schmückte die Grünanlage des Frognerparken mit zahlreichen eindrucksvollen Werken

Berühmt und berüchtigt – die Wikinger: Das Gokstadschiff im Museum Vikingskipshuset auf der Insel Bygdøy erinnert an die nordischen Ahnen

turen geschmückte *Brücke* über die Frognerteiche. Die bekannteste Figur ist sicher der kleine Trotzkopf ›Sinnataggen‹ (wohl Vigelands Sohn), der vor Wut zu explodieren scheint. In der Neujahrsnacht 1992 wurde der Kleine entwendet, aber Monate später in der Nähe eines Parkplatzes wieder gefunden. Hinter der Brücke erreicht man den *Brunnen*, dessen Skulpturen den Lebenszyklus darstellen. Von hier führen drei Treppenterrassen zu dem 16,75 m hohen *Monolith* hinauf, der mit 121 Figuren reliefiert ist. Drei Steinmetze waren 13 Jahre lang beschäftigt, das Gipsmodell von Vigeland in Stein umzusetzen. Das *Lebensrad* aus Bronze, das noch einmal den Werdegang des Menschen von der Geburt bis zum Tod symbolisiert, schließt die Achse im Westen ab.

Das **Gustav Vigeland Museet** 20 (Juni–Aug. Di–So 11–17, Sept.–Mai Di–So 12–16 Uhr) in der Nobels gate 32 war einst Atelier, Werkstatt und Wohnung des Künstlers, heute werden hier seine Skizzen, Modelle und Zeichnungen ausgestellt.

Am südlichen Ende des Frognerparks liegt das ehemalige Gut *Frogner Hovedgård* mit dem **Oslo Bymuseum** 21 (Di 12–19, Mi–So 12–16 Uhr), in dem die Epoche zwischen 1850 und dem Zweiten Weltkrieg ausführlich dargestellt ist.

Museumshalbinsel Bygdøy

Bygdøy – das sind nicht nur weltberühmte Museen, sondern auch Grünanlagen, gute Badestrände und die Sommer-

residenz des Königs. Aufgrund des begrenzten Parkplatzangebots empfiehlt es sich, mit dem Bus nach Bygdøy zu fahren oder im Sommer mit der Fähre ab Rådhusplassen überzusetzen. Nähert man sich Bygdøy von Norden, landet man beim sehenswertesten Freilichtmuseum des Landes, dem **Norsk Folkemuseum** 22 (Mitte Mai–Mitte Sept. tgl. 10–18 Uhr, Mitte Sept.–Mitte Mai Mo–Fr 11–15, Sa/So 11–16 Uhr). In einem weiten Park stehen über 150 Gebäude nach den verschiedenen Regionen Norwegens geordnet, u. a. die Stabkirche aus Gol [s. S. 93]. Im Sommer werden in den alten Stuben *Waffeln* gebacken und verkauft. Im südlichen Bereich, in *Gamlebyen*, findet man sich in städtischem Milieu wieder. Selbst ein *Kramladen* zum Einkaufen fehlt nicht. Die *Ausstellungen* in den Museumsgebäuden am Eingang zeigen Volkskunst, Volkstrachten, Spielzeug und den ersten Sitzungssaal des Stortings. *Cafés,* ein *Restaurant* und ein umfangreiches Veranstaltungsprogramm mit Konzerten, Volkstänzen und Festen machen dieses Museum zu einem besonders beliebten Anziehungspunkt.

TOP TIPP Nur einige hundert Meter weiter zeigt das **Vikingskipshuset** 23 die drei vor über 100 Jahren in Grabhügeln am Oslofjord entdeckten weltberühmten *Wikingerschiffe* aus dem 9./10. Jh. (Mai–Sept. tgl. 9–18, Okt.–April tgl. 11–16 Uhr): Einmalig in seiner Eleganz ist das 22 m lange **Osebergschiff** mit kunstvollen Schnitzereien an Rumpf und Steven. In dem nach dem Fundort Oseberg bei Tønsberg benannten, auf ca. 800 n. Chr. datierten Schiff wurde vermutlich Königin Åsa mit Dienerin, reich verziertem hölzernen Wagen, drei herrlich geschnitzten Schlitten, verschiedenen Textilien, eisenbeschlagenen Kisten und anderen Gegenständen beigesetzt. Während das Osebergschiff nur für Fahrten im geschützten Fjord konstruiert war, waren das **Gokstadschiff** aus Sandefjord und das **Tuneschiff** aus Fredrikstad hochseetüchtig. In dem etwa 50 Jahre jüngeren Gokstadschiff wurde um 900 ein Häuptling mit Pferden, Hunden, Waffen, Brettspiel und weiteren Beigaben begraben. Die Grabkammern im Schiffsrumpf wurden jedoch schon kurze Zeit später von Räubern geplündert.

Auf der Landspitze von Bygdøy findet man drei maritime Museen. Das **Norsk Sjøfartsmuseum** 24 (Mitte Mai–Aug. tgl. 10–18 Uhr, Sept.–Mitte Mai tgl. 10.30–16, Do bis 18 Uhr) ist der norwegischen Seefahrt gewidmet und besitzt Objekte von der Wikingerepoche bis zur Zeit der modernen Supertanker. Zu der großen Bootssammlung gehört die Gjøa, mit der *Roald Amundsen* 1903–06 als erster die Nordwestpassage in der Arktis bewältigte. Im *Supervideograph* werden Filme wie ›Das maritime Norwegen‹ oder ›Erdöl‹ gezeigt.

Im **Frammuseet** 25 (Mai–Mitte Juni tgl. 10–17.45 Uhr, Mitte Juni–Aug. tgl. 9–18.45 Uhr, Sept. tgl. 10–16.45 Uhr, Okt.–April tgl. 10–15.45 Uhr) steht das Polarschiff Fram, das Colin Archer 1892 in Larvik für *Fridtjof*

Nansens Polarexpedition von 1893–96 gebaut hat. Mit diesem Schiff wollte Nansen seine umstrittenen Theorien über die Strömungsverhältnisse im Polarmeer beweisen.

Schräg gegenüber liegt das **Kon-Tiki Museet** 26 (Juni–Aug. tgl. 9.30–17.45 Uhr, sonst tgl. 10.30–17 bzw. 16 Uhr), das den Expeditionen des Ethnologen *Thor Heyerdahl* (1914–2002) gewidmet ist. Sein Floß aus Balsaholz und sein Papyrusboot Ra II, das ihn 1970 von Marokko nach Barbados brachte, sind hier ausgestellt.

Im Norden der Stadt

TOP TIPP Das von weitem sichtbare Wahrzeichen von Oslo ist der **Holmenkollen** 27, die weiße, 1892 errichtete und häufig modernisierte Sprungschanze. Olympische Wettbewerbe, *Weltmeisterschaften* sowie das alljährliche Skispringen und *Holmenkollrennen* haben die Schanze berühmt gemacht. Im Sommer finden hier Konzerte und andere Veranstaltungen statt. Der 62 m hohe Turm (Aufzug) bietet ein sehenswertes Panorama Oslos. Bei dem Turm liegt das **Skimuseet** 28 (Juni–Aug. tgl. 9–20 Uhr, Mai/Sept. tgl. 10–17 Uhr, sonst tgl. 10–16 Uhr). Es zeigt die Entwicklung von Skiern und Skiausrüstungen im Laufe der Menschheitsgeschichte sowie Exponate zu Nansens und Amundsens Polarfahrten, Modelle der Sprungschanze und vieles mehr.

Folgt man der Straße noch ein Stück nach Norden, erreicht man das traditionsreiche Restaurant *Frognerseteren*, von

Nicht nur zu Meisterschaften ein Muss: die Sprungschanze Holmenkollen

Dem Studium zur Zierde: Munchs Wandmalereien in der Aula der Universität

Maler der Melancholie

Edvard Munch (1863–1944) entstammte einer alten Familie, die kulturell und künstlerisch bedeutende Persönlichkeiten hervorgebracht hat. Er wuchs in einem puritanischen und tief religiösen Klima auf, in dem seine künstlerische Neigung wohlwollende Unterstützung fand. Edvard Munchs Herausforderungen waren anderer Art: **Krankheit, Tod und Trauer** überschatteten seine Kindheit und Jugend. Seine Mutter starb an Tuberkulose, als er fünf Jahre alt war, seine Schwester erlag neun Jahre später im Alter von fünfzehn ebenfalls der damaligen Volkskrankheit. Auch Edvard Munchs Gesundheit war nicht sehr stabil. So ließen ihn die Themen Krankheit und Tod in seinem gesamten künstlerischen Werk nicht mehr los.

Er lernte bei Norwegens führendem Naturalisten Christian Krohg, der ihn in den Künstlerkreis der **Kristiania-Bohème** einführte. 1885 reiste der junge Munch zum ersten Mal nach **Paris**, begann das Bild ›Das kranke Kind‹, in dem sich das Leid um seine Schwester Sophie ausdrückt und das ihm den Durchbruch bringen sollte. 1889 ermöglichte ihm ein Stipendium einen dreijährigen Aufenthalt in der französischen Hauptstadt. Munch suchte Anregungen bei Léon Bonnat und Paul Gauguin, den er 1890 kennen lernte. Eindrücke dieser Begegnung zeigen sich im Duktus des Gemäldes ›Melancholie‹, das auch häufig in Verbindung gebracht wird mit dem Tod des Vaters.

Ein Skandal, den eine Ausstellung im Berliner Künstlerverein auslöste, machte Munch schließlich bekannt. In **Berlin** kam er in Berührung mit der Philosophie von Nietzsche, mit dem schwedischen Dramatiker August Strindberg und dem polnischen Dichter Stanislav Przybyszewski. Er begann sich mit Radierung, Lithographie und Holzschnitt zu beschäftigen und beherrschte diese Techniken bald so souverän, dass er als Illustrator zunehmend gefragt war.

Eine dramatische **Liebesbeziehung** zu der Bohemienne Tulla Larsen aus Kristiania, Nerven- und Alkoholprobleme kennzeichneten dann die Jahre Anfang des 20. Jh., während derer er mehrfach in Sanatorien und Kliniken behandelt wurde. Ab 1909 lebte Edvard Munch in **Kragerø** an der Südküste Norwegens, später recht isoliert in **Ekely** bei Oslo. In seinem letzten Willen bestimmte Munch, dessen Bilder unter den Nationalsozialisten als ›entartet‹ verfemt waren, dass sein umfangreiches Werk nach seinem Tod in den uneingeschränkten Besitz der Stadt Oslo übergehen sollte. Das 1963 eröffnete Munch-Museet verfügt daher über eine einzigartige Sammlung aus allen Phasen seines künstlerischen Schaffens.

Augenweide und Gaumenfreuden:
Im Restaurant Frognerseteren ist nicht
nur das Panorama ein Genuss

dessen Terrasse man einen wunderbaren Blick auf Stadt und Fjord hat. Berühmt ist das Lokal übrigens für seinen Apfelkuchen.

Noch weiter ins Land und über die Wälder schaut man in 118 m Höhe vom Fernsehturm **Tryvannstårnet** (Mai– Sept. tgl. 10–17 Uhr, Okt.–April tgl. 10–16 Uhr). Hier beginnt das viel besuchte Naherholungsgebiet der 430 km^2 großen **Nordmarka**, in dem die Hauptstädter im Winter Ski laufen, im Sommer wandern, Fahrrad fahren, joggen oder Heidel- und Preiselbeeren pflücken.

Zurück in die Stadt gelangt man über den Holmenkollveien- und Ankerveien zum **Bogstad Herregård** (Mitte Mai– Sept. Führungen Di–Sa 13 und 14, So 12.30, 13.30, 14.30 und 15.30 Uhr). Der schöne Herrensitz (1760–62) am See mit englischem Park besitzt ein sehenswertes Interieur und eine Kunstsammlung.

Im Osten der City

TOP TIPP Etwas abseits im Stadtteil Tøyen in der Tøyengata 53 liegt das **Munch-Museet** ㉙ (bis 18. Juni 2005 geschl., Juni–Aug. tgl. 10–18 Uhr, Sept.–Mai Di– Fr 10–16, Sa/So 11–17 Uhr, www.munch. museum.no) mit den Meisterwerken des berühmtesten norwegischen Malers. Eine Betrachtung der Bilder Edvard Munchs,

der als einer der Wegbereiter der expressionistischen modernen Malerei bezeichnet wird, zählt zu den Höhepunkten eines Oslo-Besuchs. Nachdem am 22. August 2004 die bekannten Bilder ›Der Schrei‹ und ›Madonna‹ gestohlen wurden, erneuert das Museum seine Sicherheitsvorkehrungen und bleibt daher bis zum 18. Juni 2005 geschlossen.

Gegenüber dem Museumsgebäude bietet sich der **Tøyen Park** ㉚ mit dem *Botanischen Garten* (Mo–Fr 7–20 Uhr, Sa/ So 10–20 Uhr, im Winter nur bis 17 Uhr) zum Spazierengehen an. Weitere Ziele auf dem Gelände sind das *Zoologisk Museum*

Kulinarische Köstlichkeiten aus der Küche Skandinaviens in Wiener Kaffeehausstimmung
genießen: das Theatercaféen im Zentrum Oslos

und das *Mineralogisk-geologisk Museum* (jew. Di–So 11–16 Uhr), das neben Mineralien und Fossilien auch die Bedeutung der Nordsee für die Ölgewinnung zeigt.

In Høvikodden westlich von Oslo haben die frühere Eiskunstläuferin Sonja Henie und ihr Ehemann Niels Onstad mit dem **Henie-Onstad Kunstsenter** (Di–Do 11–19 Uhr, Fr–So 11–18 Uhr) ein Museum gestiftet, das eine bedeutende Sammlung internationaler moderner Kunst besitzt.

ℹ Praktische Hinweise

Information: Turistinformasjonen, Fridtjof Nansens plass 5 (Eingang Roald Amundsen Str.), Oslo, Tel. 24 14 77 00, Fax 22 42 92 22, www.visitoslo.com. Zweigstelle im Bahnhof am Jernbanetorget.

Oslo-Pass: Der ›Oslo Pass‹ gewährt freien Eintritt in Museen, kostenlose Fahrten mit öffentlichen Verkehrsmitteln im Raum Oslo u. v. m. Er wird für 1, 2 oder 3 Tage u. a. in Hotels und bei Fremdenverkehrsämtern verkauft.

Hotels

Best Western Westhotel, Skovveien 15, Oslo, Tel. 22 54 21 60, Fax 22 54 21 65, www.bestwestern.no. Westlich vom Schloss gelegenes Hotel mit Restaurant.

Continental, Stortingsgaten 24–26, Oslo, Tel. 22 82 40 00, Fax 22 42 96 89, www.hotel-continental.no. Stilvolles, luxuriöses Hotel im Zentrum mit Blick auf das Nationaltheater. Im Erdgeschoss befindet sich das Restaurant *Theatercaféen*.

Frogner House, Skovveien 8, Oslo, Tel. 22 56 00 56, Fax 22 56 05 00, Komfortables Hotel mit geschmackvollem Interieur. 10 Min. zu Fuß vom Schloss.

Gabelshus Hotell, Gabels gate 16, Oslo, Tel. 23 27 65 00, Fax 23 27 65 60, www.gabelshus.no. Westlich vom Zentrum. Gemütlich, im englischen Stil.

Norlandia Karl Johan, Karl Johansgate 33, Oslo, Tel. 23 16 17 00, Fax 22 42 05 19, www.norlandia.no. In einem der repräsentativen Palais an Oslos Prachtboulevard eingerichtetes Hotel.

Quality Hotel Savoy, Universitetsgaten 11, Oslo, Tel. 23 35 42 00, Fax 23 35 42 01, www.choice.no. Sehr zentral und ruhig gelegenes Hotel mit freundlich möblierten Zimmern.

Restaurants

 Bagatelle, Bygdøy allé 3, Oslo, Tel. 22 12 14 40. Oslos Spitzenrestaurant im Hinblick auf Kreativität und Qualität der Küche (So geschl.).

Engebret Café, Bankplassen 1, Oslo, Tel. 22 82 25 25. Das gemütliche, traditionsreiche Künstlerrestaurant wurde 1857 eröffnet. Sehr gute Küche mit norwegischen Spezialitäten.

Theatercaféen, Stortingsgate 24–26, Oslo, Tel. 22 82 40 50. Stets gut besuchtes Café und Restaurant im Stil der Wiener Kaffeehäuser, im Jahr 1900 eröffnet. Schöne Atmosphäre und ausgezeichnete Speisen.

2 Østfold

Grenzmark gegen Schweden mit Festungen und weit zurückreichender Vorgeschichte.

Drøbak – Fredrikstad – Sarpsborg – Halden

Grün und hügelig mit waldbedeckten Partien im Landesinneren und landwirtschaftlich genutzten Flächen ist die Gegend östlich des Oslofjords, die Region Østfold. Sie war vielfach Schauplatz kriegerischer Auseinandersetzungen zwischen Norwegen und Schweden, die Festungen in Halden und Fredrikstad zeugen noch davon.

Drøbak, die idyllische alte Lotsenstation an der schmalsten Stelle des Oslofjords ist heute ein beliebtes Ausflugsziel. Wie vor hundert Jahren, als sich hier um die Maler *Christian Krohg* und *Frits Thaulow* eine Künstlerkolonie gebildet hatte, zieht der Ort noch immer zahlreiche Künstler an, die in Drøbak leben und arbeiten. Von der alten *Festning Seiersten* sieht man auf der anderen Seite des Nadelöhrs die Festung *Oscarsborg* (1845–56), deren Kanonen am 9. April 1940 den deutschen Kreuzer Blücher versenkten.

Sehr sehenswert ist das alte **Fredrikstad** an der Glomma, das 1567 von König Fre-

derik II. gegründet wurde. Nachdem schwedische Truppen das benachbarte Sarpsborg angegriffen und verwüstet hatten, war es sinnvoll erschienen, eine neue Stadt an der Glomma-Mündung aufzubauen. Als 1658 die Provinz Bohuslän an Schweden verloren ging, kam Fredrikstad eine wichtige Verteidigungsfunktion gegen potenzielle Feinde von Süden zu. Nach Plänen von Oberst Wilhelm Coucheron wurde daher rund um den Ort eine Festungsmauer errichtet. Erst 1814 wurde Fredrikstad von Schweden erobert und 1901 entmilitarisiert. Heute ist das am östlichen Flussufer gelegene **Gamlebyen** eine der wenigen fast vollständig erhaltenen norwegischen Festungsstädte. Wallgräben und Bastionen umgeben die kleinen Renaissance-Karrées mit Empirehäusern. Zu den ältesten Gebäuden zählen das *Provianthus* (1687), der *Artillerigården* und nahe dem Fluss die *Slaveriet* (Zuchthaus von 1731), die das **Fredrikstad Bymuseum** (Mo–Fr 9–16.30, Sa/So 12–17 Uhr) beherbergt. Hier werden regelmäßig kulturhistorische Ausstellungen gezeigt.

500 m östlich der Garnisonsstadt liegt auf einer kleinen Anhöhe **Kongsten Fort**, das General Cicignon um 1680 als äußere Befestigung für 20 Kanonen und 150 Mann Besatzung errichten ließ. Heute bietet es als Freizeitgelände Schwimmbad, Motel und Campingplatz.

Im Schutz der Festung Fredriksten liegt die bunte Grenzstadt Halden, deren einstige kriegstechnische Bedeutung heute nur mehr im Museum lebendig wird

Wer mit der Fähre von Kiel aus nach Norwegen reist, erlebt den Oslofjord mit seinen zahlreichen kleinen Inseln in der verheißungsvollen Morgenstimmung

Mehr als 15 000 Fundplätze aus vor- und frühgeschichtlicher Zeit weist die Region am Oslofjord auf. Ein Teil der prähistorischen Stätten kann über den **Oldtidsveien** (Frühzeitstraße) besichtigt werden, der zwischen Fredrikstad und Skjeberg verläuft (RV 110). Mehrere große Felder mit **Felszeichnungen**, die u. a. Schiffe oder Menschen mit Sonnenrädern darstellen, sowie *Grabfelder* und *Gedenksteine* aus der Bronzezeit wurden entlang der Strecke für Besucher zugänglich gemacht.

Über die Industriestadt **Sarpsborg**, die vermutlich 1016 von Olav dem Heiligen nahe eines mächtigen Wasserfalls gegründet wurde, erreicht man **Halden**, das sich unterhalb der imposanten, abends effektvoll angestrahlten Wehranlage **Festning Fredriksten** ausbreitet. Nach dem Frieden von Roskilde 1658 wurde Halden Grenzstadt und musste entsprechend gesichert werden. In 30-jähriger Bauzeit entstand eine sternförmige Festung nach französischem Vorbild in glänzender strategischer Lage auf dem 128 m hohen Plateau. In den Kriegen gegen Schweden im 18. Jh. spielte sie eine entscheidende Rolle. Die heute dort untergebrachte **Halden Historiske Samlinger** (18. Mai–Ende Aug. tgl. 10–17 Uhr, Sept. So 12–15 Uhr) zeigt kriegs- und kulturhistorische Sammlungen.

ℹ️ Praktische Hinweise

Information: Turistkontor, Voldgata 98, Fredrikstad, Tel. 69 30 46 00, Fax

69 30 46 01, www.fredrikstad.no und Tøihusgata 41, Fredrikstad. Im Sommer Führungen durch die alte Festungsstadt, sonst nur für Gruppen auf Bestellung.

Hotels

Fredrikstad Motel og Camping, Torsnesveien 16–18, Tel. 69 32 03 15, Fax 69 32 36 66. Beim Kongsten Fort, ca. 500 m von Gamlebyen.

Victoria, Turngate 3, Frederikstad, Tel. 69 38 58 00, Fax 69 38 58 01, www.hotelvictoria.no. Im neuen Teil der Stadt gelegen.

Restaurant

Balaklavas Gjestgiveri, Færgeportgaten 78, Fredrikstad, Tel. 69 32 32 75. Restaurant mit schönem Ambiente in einem historischen Haus von 1803 in Gamlebyen.

3 Vestfold

Wikinger, Walfänger und Seefahrer.
Åsgårdstrand – Tønsberg – Sandefjord – Larvik – Stavern

Über die Europastraße E 18 gelangt man von Oslo über Horten, das eine Fähre mit dem gegenüberliegenden Moss verbindet, nach **Åsgårdstrand**. Mehrere Jahre verbrachte der Maler *Edvard Munch* [s. S. 27] in dem reizenden kleinen, außerhalb der Saison fast ausgestorben wirkenden Badeort. Eine Reihe seiner bekanntesten Werke wie das immer wieder variierte

Thema ›Die Mädchen auf der Brücke‹ ist hier entstanden. Das bescheidene Fischerhaus in der nach ihm benannten Straße, welches Munch 1897 erwarb, ist als Museum **Munchs Hus** (Juni–Aug. Di–So 11–19 Uhr, Mai und Sept. Sa/So 11–19 Uhr) eingerichtet.

Weiter südlich liegt das Ende des 9. Jh. gegründete **Tønsberg**, das als Norwegens älteste Stadt gilt. Auf dem 63 m hohen *Schlosshügel*, von dem sich ein schönes Panorama bietet, befinden sich die Ruinen des *Tunsberghus* aus dem 13. Jh., der größten mittelalterlichen Burg Norwegens, und der *Michaelskirche* von 1150.

Das 28 km entfernte **Sandefjord** war jahrzehntelang ›die‹ Walfangstadt Norwegens. Bis in die 1960er-Jahre fuhr man von hier in die Antarktis, um die großen Säugetiere zu jagen. Vor der Walfangzeit, die Anfang des 20. Jh. begonnen hatte, war die Stadt wegen ihrer 1837 entdeckten *Schwefelquellen* als Kurort bis nach Russland und Frankreich bekannt. Das alte **Kurbad-Gebäude** im Zentrum (Thor Dahls gate) wurde restauriert und dient inzwischen als Kulturhaus. Heute ist Sandefjord eine lebhafte Geschäftsstadt mit mehr als 38 000 Einwohnern. Moderne Gebäude prägen das Stadtbild, nachdem bei einem Brand im Jahr 1900 weite Teile des Zentrums zerstört wurden. An die große Walfangepoche erinnern das *Walfangmonument* an der Strandpromena-

Kopie alter Zeiten: das Wikingerschiff Gaia im Hafen von Sandefjord

de und das **Hvalfangstmuseet** (Mai tgl. 11–17, Juni–Aug. 10–17, Sept. 11–16 Uhr, sonst Mo–Sa 11–15, So 12–16 Uhr) in der Museumsgate 39.

Im 2 km östlich gelegenen **Gokstadhügel** wurde 1880 das wikingische Gokstadschiff entdeckt [s. S. 26], dessen Kopie namens *Gaia* heute ebenso wie das restaurierte Walfangboot *Southern Actor* an der Museumsbrücke im Hafen von Sandefjord liegt. Beide Schiffe können von Gruppen gechartert werden.

Die Fährverbindung vom dänischen Frederikshavn macht die Industriestadt **Larvik** zu einem wichtigen Eingangstor nach Südnorwegen. Malerisch liegt der Ort am Larviksfjord zwischen den Fluss Lågen und dem Farriselva. Sehenswert sind das *Stadtmuseum*, das *Seefahrtsmuseum* und die *Dreifaltigkeitskirche* aus dem 17. Jh.

Die kleine, 8 km südlich gelegene Garnisonsstadt **Stavern** war ursprünglich ein Fischer- und Lotsenhafen. Um seine Residenz abzusichern, errichtete Graf Ulrik Frederik Gyldenløve, der dänische Statthalter in Norwegen, im 17. Jh. eine *Zitadelle*. Die **Werft Frederiksvern** legte der dänische König Frederik V. 1749 als zweite Festung an. Ein von Wällen umgebenes Militärareal umfasste u. a. die Kommandantenwohnung, den Pulverturm und Vorratsspeicher. Die *Garnisonskirche* am Platz wurde 1756 als erste nachweisliche Marinekirche Norwegens erbaut.

Heute ist Stavern ein beschaulicher Küsten- und Ferienort, dessen Hafen durch die Schären gut geschützt ist.

i Praktische Hinweise

Information: Sandefjords Reiselivsforening, Thor Dahls gate 1, Sandefjord, Tel. 33 46 05 90, Fax 33 46 06 20, www.visitsandefjord.com

Hotels

Comfort Hotel Atlantic, Jernbaneálléen 33, Sandefjord, Tel. 33 42 80 00, Fax 33 42 81 00, www.choice.no. Zentrumsnahes angenehmes Stadthotel.

Kong Carl, Torggaten 9, Sandefjord, Tel. 33 46 31 17, Fax 33 46 31 19, www.kongcarl.no. Zentral gelegenes Hotel in einem historischen Gebäude.

Restaurant

Mathuset Solvold, Thor Dahls gate 9, Sandefjord, Tel. 33 46 27 41. Sehr gutes, gepflegtes Speiserestaurant (So geschl.).

In rund 1000 m Höhe verläuft die Grenze zwischen der Skisportregion Telemark und der nord-westlich anschließenden Fjordprovinz Hordaland

4 Telemark

Großartige Natur, eindrucksvolle Wälder, Täler und Berge.

Stabkirke Heddal – Gaustatoppen – Rjukan – Dalen – Stabkirke Eidsborg – Morgedal – Seljord – Skien

Telemark – das bedeutet vornehmlich Wälder, Seen, Flüsse oder Gebirge. Die Region im Inland ist schnell und bequem von Oslo oder Larvik aus zu erreichen. Das Gebiet ist ein wahres Paradies für Wanderer, Botaniker, Angler und Skiläufer, immerhin stand in der Telemark die Wiege des **Skisports**. Liebliche Täler wechseln mit tief eingekerbten schroffen Schluchten, ausgedehnte Wälder mit rauer Berglandschaft, dazwischen liegen kleine Dörfer, in denen das moderne Leben einen ruhigeren Gang einlegt, und viele einsame alte Höfe in Blockbauweise.

Prunkstück des Mittelalters: Der mit Schnitzereien geschmückte hölzerne Bischofsstuhl im Chor der Stabkirke Heddal ist eine nähere Betrachtung wert

Der Kampf um das Schwere Wasser

Schweres Wasser ist eine chemische Verbindung aus einer besonderen Art von Wasserstoff und Sauerstoff, deren verlangsamende Wirkung bei Kernspaltungsprozessen ausgenutzt wird. Im Verlauf des Zweiten Weltkriegs nahmen die Befürchtungen der Alliierten zu, den Deutschen könne der Bau einer **Atombombe** gelingen, wenn sie ihre Forschungen mit Schwerem Wasser fortsetzten. Weder englische noch amerikanische Physiker wussten jedoch, wie weit die deutsche Atombombenforschung gediehen war, und die Sorge wuchs 1942, dass Deutschland binnen zwei Jahren über die Bombe verfüge. Darum beschlossen Churchill und Roosevelt, Lieferungen von Schwerem Wasser aus Rjukan nach Deutschland zu verhindern. Während der erste **Sabotageakt** 1942 von norwegischen Widerstandskämpfern und einem britischen Kommando scheiterte, konnte die schwer bewachte Anlage bei einem neuerlichen Versuch im Februar 1943 gesprengt werden. Doch die Deutschen setzten sie wieder instand. Erst Ende 1943 gelang es amerikanischen Bombern, die Fabrik definitiv zu zerstören. 22 Zivilisten fanden dabei den Tod. Erst nach Kriegsende erkannten die Alliierten, dass Hitler die V1- und V2-Produktion favorisiert hatte. Deutsche Atomwissenschaftler forschten lediglich an einem Kernreaktor, der den Dieselmotor in U-Booten ersetzen sollte.

Der 10 km lange **Sabotørstien**, ein Wanderweg auf den Spuren der damaligen Saboteure, und der jährlich am 24./25. Juni stattfindende ›Saboteurmarsch‹ erinnern an diese eher psychologisch als waffentechnisch wichtige Unternehmung im Zweiten Weltkrieg.

Etwa 5 km westlich von *Notodden* steht die der Jungfrau Maria geweihte **Stabkirke Heddal** (Mitte Mai–Mitte Sept. tgl. 10–17, Mitte Juni–Mitte Aug. tgl. 9–19 Uhr), die wegen ihrer beeindruckenden Dimensionen auch die ›Kathedrale‹ unter den norwegischen Stabkirchen genannt wird. Der Chor

stammt von 1147, der übrige Bau von 1242. Sehenswert sind die geschnitzten Fabeltiere, Ranken und Menschendarstellungen an den *Portalen*. Im **Inneren** sind einige *Runeninschriften* erhalten und ein mittelalterlicher *Bischofsstuhl*. Die *Wandmalereien* gehen auf das Ende des 17. Jh. zurück.

Beim Weiler *Sauland* zweigt rechts die abwechslungsreiche Route (FV 651) nach Rjukan ab, die anfangs durch eine kaum besiedelte, sehr waldreiche Gegend führt, dann bis auf 1260 m ansteigt und im Bereich des **Gausta Massivs** das karge *Høyfjell* passiert. Wer Ruhe und gute Küche mit norwegischen Spezialitäten genießen möchte, dem sei das **Tuddal Høyfjellshotell** (Tel. 35 02 88 88) 1 km abseits der Straße empfohlen, das auf eine 100-jährige Tradition zurückblickt.

Die Straße führt östlich an dem markanten **Gaustatoppen** vorbei, dem mit 1883 m höchsten Gipfel in der Telemark. Auf einem markierten Weg ab Stavsro (1173 m) kann man ihn in einer 2- bis 3-stündigen *Wanderung* besteigen. Bei schönem Wetter bietet sich ein hinreißendes Panorama über ein Sechstel der Fläche Norwegens.

In vielen Serpentinen windet sich die Straße hinunter in das tief eingekerbte Vestfjorddal zu der Industriestadt **Rjukan**. Durch die Lage des Ortes am Talgrund sehen die 5000 Einwohner im Winterhalbjahr keinen Sonnenstrahl. Deshalb ließ der Industriebetrieb Norsk-Hydro 1928 für seine Angestellten die **Krosso Seilbahn** auf den *Gvepseborg* (886 m) bauen, deren Bergstation heute auch für Besucher ein idealer Ausgangspunkt für Ausflüge in das umliegende Wandergebiet ist. Die Entwicklung Rjukans geht auf die Gründung einer *Kraftstation* und einer *Fabrik* zurück, die dem Ort wegen der Produktion des *Schweren Wassers* im Zweiten Weltkrieg eine besondere Bedeutung zukommen ließ.

Im 19. Jh. war das **Vestfjorddal** ein wildromantisches, abgelegenes Tal, in das sich höchstens Maler wie J. C. Dahl verirrten, der 1830 den gewaltigen Rjukan-Wasserfall malte. Dies sollte sich ändern, als der Ingenieur *Sam Eyde* 1903 ein neues Verfahren entwickelte, um aus Luft Stickstoff zu gewinnen, und so die Kunstdüngerproduktion erheblich verbilligte. Die hierfür nötige elektrische Energie gewann Eyde aus den 105 m in die Tiefe stürzenden Wassermassen des *Rjukanfossen*.

Stabkirche Heddal: Die größte unter den ›Pagoden des Nordens‹ ist ein beeindruckendes Zeugnis für die künstlerische und technische Meisterschaft ihrer Erbauer

Daneben baute er eine Fabrik auf, die sich später zu dem Großkonzern *Norsk Hydro* entwickelte. Rund um die Anlage entstand eine für damalige Zeit sehr fortschrittliche Stadt für 10 000 Menschen. 1915 wurde die **Rjukan Kirke** eingeweiht, deren Kirchturm auffällig den Türmen der Kraftstation ähnelt. Das Kircheninnere brannte bei den Dreharbeiten für den amerikanischen Film ›Heroes of Telemark‹ Mitte der 1960er-Jahre aus und musste erneuert werden. 1923 stand die Stadt weitgehend so da, wie man sie heute mit Parks und Sportanlagen sieht – damals ein renommiertes Vorzeigeobjekt. Eine englische Delegation, die durch Rjukan geführt wurde, soll überrascht gefragt haben: Und wo wohnen die Arbeiter?

Etwa 5 km westlich des Ortes, in dem großen *Kraftwerk* unterhalb des Rjukanfossen, 1943 Schauplatz der Sabotageaktion gegen die Produktionsanlage des Schweren Wassers, ist das **Industriarbeidermuseet Vemork** (Mai–Sept. Mo–Fr 10–16, Sa/So 11–18 Uhr, Okt. Sa/So 11–16 Uhr, März/April Sa 11–16 Uhr) eingerichtet. Ausstellungen informieren über die Geschichte des ›industriellen Abenteuers Rjukan‹, den Themenbereich Energie, die Kultur der hiesigen Industriearbeiter und natürlich die *Sabotageaktion*.

Die weitere Strecke führt durch das canyonartige Vestfjorddal und an den Ostausläufern des *Hardangervidda-Plateaus* [Nr. 27] entlang. Die Zukunft des **Hardangervidda Nasjonalparksenter Møsvatn** ist finanziell nicht gesichert, es bleibt vorerst geschlossen. Die Straße passiert *Rauland* am Totak-See, ein Sommer- wie Wintersportgebiet, und erreicht **Dalen** an dem fjordartig eingekerbten Bandak-See. Der Ort ist als Endpunkt des *Telemark-Kanals* [s. S. 36] interessant: Eine Fahrt mit einem der alten Kanalboote

Wichtiger Wasserweg

Eine Hauptattraktion Südnorwegens ist eine Fahrt auf dem alten **Telemark-Kanal**, eine Reise durch Raum und Zeit. Vom Schärenpark bis an die Südausläufer der Hardangervidda führt die etwa 105 km lange Wasserstraße. Der alte Kanal ist mit seinen kunstfertig gemauerten Schleusenkammern, -wärterhäuschen und gusseisernen Vorrichtungen zur Bedienung der Schleusenklappen ein **Natur- und Kulturdenkmal**. An seinen Ufern liegen Sägewerke, Schmieden und die einstigen Landungsstege mit den Lagerhäusern wie vor hundert Jahren. Man gleitet über ausgedehnte Seen, an Biberburgen vorbei, kann Reiher und andere Wasservögel entdecken und sieht idyllische Ufergrundstücke wohlhabender Norweger.

Die älteste Strecke des Telemark-Kanals ist der Abschnitt Skien–Norsjø, der 1854–61 gebaut wurde und Skien, Norsjø und Notodden verbindet. 1892 konnte König Oscar den Norsjø-Bandak-Kanal einweihen, der von Skien bis Dalen führt. Um den Höhenunterschied von 57 m zu bewältigen baute man insgesamt sechs Schleusen: bei Ulefoss, Eidsfoss, Vrangfoss, Lunde, Kjeldal und Hogga. Die Anlage bei Vrangfoss ist die größte und beeindruckendste und war zur damaligen Zeit ein Meisterwerk der **Ingenieurbaukunst**.

Für die verkehrstechnisch schlecht versorgte Telemark bedeutete der Kanal einen enormen Fortschritt. Holz, Tiere, Menschen und Güter wurden auf dem Wasserweg transportiert. Erst 1957 wurde der kommerzielle Kanalverkehr eingestellt. Die 1882 vom Stapel gelaufene Victoria und andere **historische Kanalboote** verkehren jedoch heute von Mai bis September wieder zwischen Skien und Dalen. Die Kreuzfahrt mit dem Liniendampfer dauert etwa 11 Stunden. Zur Ferienzeit ist Platzreservierung notwendig (Telemark Reiser, Postboks 3133, Handelstorget, 3707 Skien, Tel. 35 90 00 30, Fax 35 90 00 21, www.visittelemark.com). Der Kanal kann auch mit Kanus, Kajaks oder Freizeitbooten befahren werden.

von Dalen nach Skien durch unzählige Schleusen ist bei schönem Wetter ein unvergleichliches Erlebnis.

Etwa 7 km nördlich liegt die kleine **Stabkirke Eidsborg** (Juni/Aug. tgl. 10–17, Juli tgl. 10–19 Uhr) aus dem 13. Jh., die dem hl. Nikolaus, dem Schutzpatron der Reisenden, geweiht ist. Hier findet man zwar keine Drachenverzierungen, aber bis auf den Boden hinuntergezogene schindelgedeckte *Pultdächer*. Die Wanddekorationen mit Akanthusranken stammen aus den Jahren 1604 und 1649. Bei der Kirche lohnt das **Lårdal Bygdemuseum** (Juni/Aug. tgl. 10–17, Juli tgl. 10–19 Uhr) mit über 22 Gebäuden, Schmiede, Speicher und Ställen einen Besuch.

Im Weiler **Morgedal** ist der moderne Skisport entstanden. 1850 konstruierte hier *Sondre Norheim* (1825–1897) die erste Fersenbindung für Skistiefel, was Schwünge und Sprünge ermöglichte, und den ersten ›Telemarkski‹. Aus Morgedal stammte auch *Olav Bjaaland*, der mit Roald Amundsen 1910–12 an der Südpolexpedition teilnahm. Das im Ort zu besichtigen-

Berge und Täler, Wälder und Seen, alte Höfe, Dörfer und beschauliche Ruhe wie anno dazumal – so zeigt sich die Telemark

de **Norsk Skieventyr** (Mitte Mai–Mitte Juni/Mitte–Ende Aug. tgl. 11–17 Uhr, Mitte Juni–Mitte Aug. tgl. 9–19 Uhr) mit Multimediaprogramm versteht sich als Dokumentationszentrum für die moderne Skigeschichte.

Durch ländliche Gegend erreicht man **Seljord** am gleichnamigen See. Sehenswert ist die alte **St. Olavskirke** aus dem 12. Jh., die ein Altarbild von 1588 und Wandmalereien aus dem 17. Jh. besitzt. Wer im September in der Telemark reist, sollte sich das große **Dyrsku'n** am zweiten Wochenende des Monats nicht entgehen lassen. Bis zu 60 000 Besucher kommen zu der Messe, die sich aus dem traditionsreichen Viehmarkt entwickelt hat. Heute ist es ein bunter norwegischer *Markt* im Freien mit vielfältigem Angebot von landwirtschaftlichen Geräten, Snowscootern, Kunsthandwerk und Norwegerpullis bis hin zu kulinarischen Köst-

lichkeiten. Höhepunkt ist die *Tierschau* mit einer Prämierung des hübschesten Exemplars jeder gezeigten Art.

Telemarks Hauptstadt ist **Skien**, die Geburtsstadt von *Henrik Ibsen*. Sein Elternhaus im 5 km nördlich gelegenen Venstøp gehört zum **Fylkesmuseet Telemark** (Mitte Mai–Ende Aug. tgl. 10–18 Uhr), einem Freilichtmuseum mitten in der Stadt im Brekkepark. Hier bekommt man u. a. Rosemaling, einen besonderen Stil der Bauernmalerei, lokale Trachten und Schnitzarbeiten zu sehen.

ℹ Praktische Hinweise

Information: Turistkontor, Nedre Hjellegt 18, Skien, Tel. 35 90 55 20, Fax 35 90 55 30, www.grenland.no

Hotel

TOP TIPP **Dalen Hotel**, Dalen, Tel. 35 07 90 00, Fax 35 07 70 11, www.dalenhotel.no. Traditionsreiches Hotel mit Restaurant im ›Drachenstil‹ von 1894.

5 Sørland

Idyllische Hafenorte mit weiß gestrichenen Holzhäusern an zerklüfteter Küste.

Kragerø – Risør – Lyngør – Arendal – Fjære Kirke – Grimstad – Lillesand

Mit **Kragerø**, das auch ›St. Tropez Norwegens‹ genannt wird, beginnen die ›weißen Städte‹ des Sørlandes, die sich wie Perlen einer Kette entlang der Schärenküste reihen. Die gemütlichen Kleinstädte mit verwinkelten Gassen und leuchtend weiß gestrichenen *Holzhäusern* zeugen vom Wohlstand, den diese Region durch Handel, Bootsbau und Schifffahrt besonders im 19. Jh. erlebte.

Der bekannte Badeort **Risør** zählt zu den schönsten und ältesten Sørlandstädten. Seine Lage auf einer Halbinsel am Skagerrak und die besondere Atmosphäre haben immer wieder Künstler angezogen. Um den pittoresken *Hafen* reihen sich alte **Kaufmannshöfe**, die an den einst bedeutenden Holzhandelsplatz erinnern, der 1723 Stadtrechte erhielt. Aus der Mitte des 17. Jh. stammt die in Architektur, Schmuck und Innenausstattung barocke *Hellige Ånds Kirke* (Heilig-Geist-Kirche). In der **Søndeled Kirke** von 1150 mit einem mittelalterlichen Taufbecken hängt einer der ältesten flämischen Gobelins in Norwegen.

Überall ein Grund zum Feuern und Feiern: Midtsommerfest an der Sørlandküste

Wenige Kilometer entfernt liegt **Lyngør**, das ›Venedig der Südküste‹. In dem autofreien Ort, der sich auf vier kleinen Inseln ausbreitet, leben heute nur noch rund 100 Menschen, doch nach wie vor existieren Post, Laden und Pensionat. Die Bevölkerung setzt sich sehr dafür ein, dass sich ihr Lyngør nicht in eine reine Sommerferiensiedlung verwandelt.

Über das idyllische *Tvedestrand* erreicht man **Arendal**, Verwaltungs- und Handelszentrum des Bezirks Aust-Agder. Trotz der Stadtbrände, die im 17. und 19. Jh. hier wüteten, sind einige alte Gebäude im Bereich des *Hafens* erhalten. Die Kanäle, die einst die sieben Inseln des Ortes trennten, wurden vor gut hundert Jahren in Straßen verwandelt. Die wirtschaftliche Grundlage der Stadt bildete damals vor allem der Eisenerz- und Holzhandel. Seine Blütezeit erlebte Arendal, das wie Risør 1723 Stadtrechte erhielt, als Heimathafen für über 400 Segelkutter im 19. Jh.

Sehenswert ist vor allem der Stadtteil **Tyholmen** westlich vom Hafenbecken Pollen, der 1992 mit dem Europa-Nostra-Preis für die vorbildliche Restaurierung der alten Holzhäuser ausgezeichnet wurde. Das weiß leuchtende **Rathaus** im Empirestil wurde 1812 als Privatwohnung für den Schiffsreeder Kallevig erbaut und zählt zu den größten Holzgebäuden Norwegens. Die ›Fest-Etage‹ enthält Landschaftsgemälde und eine umfangreiche Porträtgalerie. Die **Trefoldighetskirken** (Dreifaltigkeitskirche) von 1888 mit einem 82 m hohen Turm bewahrt im Chor das schöne flämische Gemälde ›Die Heiligen drei Könige‹ von 1620. Das Stadtmuseum **Kløckers Hus** (Di–Fr 10–15, Sa 10–14 Uhr, im Juli auch So 12–16 Uhr, im Aug. geschl.) vermittelt einen Eindruck davon, wie das wohlhabende Bürgertum im 19. Jh. lebte.

Aus einer kulturhistorischen Sammlung zu den Themen Archäologie, Kirchengeschichte und Seefahrt sowie einem Freilichtmuseum besteht das *Aust-Agder-Museum* (Mo–Fr 9–15, So 12–15 Uhr, mi Sommer jew. bis 17 Uhr) im **Langsægård**. Zum Museum gehört auch der *Merdøgård* (Mitte Juni–Mitte Aug. tgl. 12–16 Uhr) auf der Insel **Merdø** im Schärengarten, ein typisches Seemannshaus aus dem 18. Jh. Die Insel bietet zudem gute *Bademöglichkeiten* und ist im Sommer per Linienboot vom Pollen in Arendal aus erreichbar.

Idyllisch – Risør mit seinen schmucken Holzhäusern und dem Schärengarten vor der Tür

Kurz vor Grimstad liegt die alte **Fjære Kirke** aus der Mitte des 12. Jh., die zu den ältesten Steinkirchen Norwegens zählt. Das romanische Schiff wurde im Hochmittelalter durch Chor und Apsis ergänzt. Das schöne gotische *Taufbecken* stammt vermutlich aus der Steinmetzwerkstatt der Stavanger Domkirche (April–Sept. tgl. 8–15 Uhr).

Mit **Grimstad** verbinden sich die Namen der berühmtesten norwegischen Schriftsteller: *Knut Hamsun*, der auf dem 6 km westlich gelegenen Gut Nørholm lebte, und *Henrik Ibsen*, der hier eine Apothekerlehre absolvierte. Im **Ibsen Huset og Bymuseum** (Juni–Mitte Aug. Mo–Sa 11–17, So 12–17 Uhr) kann man neben der alten Apotheke auch Ibsens ehemaliges Arbeits- und Esszimmer sehen.

Die Blumenstadt **Lillesand** ist eine Sommeridylle mit schmucken herrschaftlichen Villen. Am reizvollsten erlebt man den vorgelagerten **Schärengarten** auf einer Bootsfahrt z. B. mit der MS Øya, die in der Hochsaison regelmäßig eine Reihe kleiner Küstenhäfen bis nach Kristiansand anläuft.

i Praktische Hinweise

Information: Turistkontor, Kragsgate 3, Risør, Tel. 37 15 22 70, Fax 37 15 22 23 (nur Mitte Juni–Mitte Aug.). – Ganzjährig Auskunft erteilt: InfoSør, Brokelandsheia, Sundebru, Tel. 37 11 90 00, Fax 37 11 90 01, www.infosor.no

Hotels

Risør Hotel, Tangengate 16, Risør, Tel. 37 14 80 00, Fax 3715 20 93, www.risorhotel.no. Ruhig gelegenes, als Familienbetrieb geführtes Hotel mit Restaurant. Jenseits der Straße liegt das Meer.

Sjømanns Suitene, Det lille Hotel, Storgate 5, Risør, Tel. 37 15 14 95, Fax 37 15 01 68, www.detlillehotel.no. Urgemütliche Suiten in maritimem Ambiente.

Restaurant

Stangholmen Fyr, Risør, Tel. 37 15 24 50. Restaurant in einem ehem. Leuchtturm von 1855 am Ende der Fjordmündung. Die Anfahrt erfolgt auf Vorbestellung per Motorboot vom Risører Hafen aus (Mitte Juni–Mitte Aug. geschl.).

6 Kristiansand

Eingangstor nach Norwegen, wichtigster Verkehrsknotenpunkt des Sørlandes.

Kristiansand ist mit rund 75 000 Einwohnern Norwegens fünftgrößte Stadt und wichtigster Fährhafen des Landes. In unmittelbarer Nähe des Zentrums legen die großen Linienschiffe aus Hirtshals, Newcastle oder Göteborg an. Die Stadt mit ihren langen, sich rechtwinklig treffenden Straßenzügen lohnt einen Besuch besonders im Frühsommer zum *Kirchenmusikfestival* oder zum *Quart Festival* im Juli, wenn internationale Jazz-, Blues-, Rock- und Avantgardegruppen auftreten.

Geschichte Kristiansand wurde erst 1641 von dem baulustigen Dänenkönig Christian IV. auf einer Sandebene westlich der Otra-Mündung gegründet. Auf einer Fläche von ca. 1 km² sollte eine Stadt für 15 000–20 000 Einwohner entstehen. Der schachbrettartig angelegte **Grundriss** des dänischen Städteplaners Schørt mit seinen 54 Häuserblocks ist weitgehend erhalten und spiegelt das absolutistische Städtebauideal des 17. Jh. wider. Um die Entwicklung Kristiansands voranzutreiben, ließ der dänische König die Einwohner der umliegenden Ortschaften zwangsumsiedeln. Außerdem erhielt der Ort noch im Gründungsjahr das *Handelsmonopol* für das Sørland, 1666 wurde er Garnisonstadt, 1682 verlegte man den Bischofssitz von Stavanger hierher. Zur Seeseite sollte die 1672 errichtete **Christiansholm Festning ❶** Schutz bieten, die – gut restauriert – heute als Ausstellungszentrum genutzt wird.

Trotz all dieser Anstrengungen blieb das erhoffte Wachstum der jungen Stadt zunächst aus. Erst die Industrialisierung und die zunehmende Bedeutung der Handelsschifffahrt Mitte des 19. Jh. brachten den erhofften Aufschwung.

Besichtigung Obwohl Kristiansand in seiner Geschichte oft von Bränden heimgesucht wurde, hat der Stadtkern bis heute die strengen Züge der **Quadratur** bewahrt. Das Zentrum wirkt übersichtlich, aber nüchtern. Pulsierendes Treiben herrscht im Sommer in der Fußgängerzone *Markensgate*, an der sich die gewaltige neogotische **Domkirke ❷** erhebt, die Ende des 19. Jh. errichtet wurde.

Nicht versäumen sollte man einen Besuch des **Vest-Agder-Fylkesmuseum ❸** (20. Juni–20. Aug. Di–Fr 10–18, Sa/Mo 12–18 Uhr, sonst nur So 12–17 Uhr) im 4 km östlich gelegenen Kongsgården. 30 alte Gebäude aus der Region Vest-Agder und dem Setesdal konnten vor dem Verfall bewahrt und hier wieder aufgebaut werden. Im Sommer finden auf dem Gelände folkloristische und kulturelle Veranstaltungen statt.

Etwa auf halbem Weg zum Freilichtmuseum liegt an der Straße Gimleveien der Herrenhof **Gimle Gård ❹** (Mitte Juni–Mitte Aug. tgl. 12–18 Uhr, Mai–Mitte Juni und Mitte Aug.– Okt. So 12–17 Uhr), der von dem Reeder und Kaufmann *Bernt Holm* (1765–1829) um 1800 erbaut wurde, als der Hafen eine wichtige Drehscheibe für den Handel zwischen dem Baltikum und der Nordsee war. Der Hof besitzt mit dem *Gullsalen* einen wunderbaren Festsaal mit Mobiliar im Empirestil. Bemerkenswert ist auch der *Malerisalen*, der als Gemäldegalerie für europäische Malerei des 17. und 18. Jh. geschaffen wurde.

Die Grünanlagen **Baneheia ❺** und **Ravnedalen ❻** grenzen nördlich an Kristiansand und bieten sich für Spaziergänge an. Einen schönen Blick über die Stadt und den vorgelagerten Schärengürtel genießt man vom Aussichtshügel *Ravneheia*.

9 km südwestlich liegt bei Møvik das **Kristiansand Kanonmuseum** (Mitte Mai–Mitte Juni Mo–Mi 11–15, Mitte Juni–Mitte Aug. tgl. 11–18, Mitte Aug.–Sept. Mo–Mi 11–15, Do–So 11–17 Uhr). Die militärische Sammlung zeigt u. a. eine 38-cm-Kaliber-Kanone aus dem Zweiten Weltkrieg, die einst helfen sollte, das Skagerrak zu kontrollieren.

Ausflüge

Freunde von *Veteraneneisenbahnen* schätzen den Abstecher nach *Grovane* (20 km nördlich) zum Abfahrtsbahnhof der **Setesdalbanen** [s. S. 44], die einst Kristiansand und Byglandsfjord verband. 1962 wurde die Linie eingestellt. Nur die 5 km lange Strecke von Grovane bis Beihølen wird an bestimmten Sommertagen von einer Dampflok Baujahr 1894 mit alten Holzwaggons befahren.

Sehr bekannt ist der 12 km östlich der Stadt gelegene **Kristiansand Dyrepark** (tgl. 10–19 Uhr), der einen Zoo mit einem nordischen *Raubtierreservat* sowie einen Blumen-, Freizeit- und Unterhaltungspark umfasst.

Kristiansand

Fußgängerzone

0   300 m

① Christiansholm Festning
② Domkirke
③ Vest-Agder Fylkesmuseum
④ Gimle Gård
⑤ Baneheia
⑥ Ravnedalen

Newcastle/Göteborg

ℹ Praktische Hinweise

Information: Turistkontor, V. Strandgate 32, Kristiansand, Tel. 38 12 13 14, Fax 38 02 52 55, www.sorlandet.com

Hotels

Scandic Hotel Kristiansand, Markensgate 39, Kristiansand, Tel. 21 61 42 00, Fax 21 61 42 11, www.scandic-hotels.com. Modernes Hotel in zentraler und doch ruhiger Lage.

Villa Frobusdalen Rom, Frobusdalen 2, Kristiansand, Tel. 91 12 99 06. Gemütliche Villa von 1917.

Restaurant

Sjøhuset, Østre Strandgate 12 A, Kristiansand, Tel. 38 02 62 60. Sehr gutes Fischrestaurant in einem restaurierten Lagerhaus.

7 Setesdal

Großartige Natur und lebendige Tradition.

Hornnes – Byglandsfjord – Valle – Bykle – Hovden

Landschaftliche Schönheit und zahlreiche Spuren einer alten **Bauernkultur** machen das Setesdal zu einem der reizvollsten Täler des Landes. Erst Ende des 19. Jh. hat es sich aus seiner jahrhundertelan-

gen Isolation gelöst. So konnten sich alte **Traditionen** in Baustil, Kunsthandwerk und Volkstrachten länger als andernorts halten. Der besondere Reiz des Landstrichs liegt im Wechsel von engen Talpartien mit senkrechten Gneiswänden und weiteren, fast lieblichen Abschnitten.

Das **untere Setesdal** ist besonders unter geologischen und mineralogischen Gesichtspunkten von Bedeutung: Jahrzehntelang hat man in diesem Gebiet Nickel und Kupfer abgebaut. Das moderne Museum **Setesdal Mineral Park** (Mitte Juni–Ende Aug. tgl. 10–17 Uhr), das im Weiler *Hornnes* ca. 60 km nördlich von Kristiansand in den Fels gesprengt wurde, zeigt eine Sammlung verschiedenster Mineralien und Kristalle. Wer selbst auf Mineraliensuche gehen möchte, findet in den aufgelassenen Minen dazu Gelegenheit. Etwa 4 km nördlich von Evje wurde ein **Mineralienpfad** angelegt, der zu mehreren Fundorten führt (Hinweisschild 1 km nördlich von Evje an der RV 9). Jährlich im Juli lockt außerdem die *Mineralienmesse* in Evje zahlreiche Besucher an. Der Fluss Otra ist ideal zum Kajakfahren oder Rafting. Im Setesdal kann man aber auch auf Elch- oder Bibersafari gehen.

Der Ort **Byglandsfjord** am gleichnamigen See war einst die Endstation der Eisenbahn, von hier wählte man den Transportweg über das Wasser. Heute verkehrt im Juli wieder das alte holzbefeuerte Dampfschiff *D/S Bjoren* von 1867 auf dem

40 km langen See. Eine landschaftlich attraktive Umgebung, gute Bade- und Wandermöglichkeiten machen die Orte an seinen Ufern zu beliebten Zielen für Sommer- wie für Winterurlauber.

Das **mittlere Setesdal** im Bereich **Rysstad** gilt als Zentrum der Silberschmiedekunst, die sich durch besonders filigrane Arbeiten auszeichnet. Wer ein schönes Mitbringsel sucht, wird bei einem der hier ansässigen *Silberschmiede* und ihrer reichen Auswahl an Schmuckstücken sicher fündig.

In herrlicher Berglandschaft liegt wenig weiter nördlich der alte Gerichtsort **Valle**, der zur Wikingerzeit ein wichtiger Handelsplatz war. Einen Besuch lohnt das Freilichtmuseum **Tveitetunet** (Ende Juni–Anf. Aug. tgl. 10–18 Uhr) südlich von Valle. Auf dem Weg dorthin kommt man an der kleinen weißen *Holzkirche* aus dem Jahr 1844 im Zentrum und alten Bauernhöfen mit Speichern vorbei zum Mühlbach, an dem einige restaurierte *Wassermühlen* stehen. Der Tveitetunet ist ein gut erhaltenes Ensemble aus Wohnhaus, Speicher, Backhaus und Gefängnis, denn der Hof gehörte dem Bauern und Dorfschulzen Olav Knutsson Tveiten, der bis 1814 für das Setesdal zuständig war.

Valle ist außerdem ein beliebter Ausgangspunkt für Wanderungen auf dem alten **Skinnveg** (Fellweg) nach Westen auf die Valleheiene. Die ursprüngliche Verbindung des Setesdal mit Stavanger erinnert an die Steuer, welche die Bauern einst dem Bischof von Stavanger in Naturalien zahlen mussten. Eine andere schöne Wanderroute führt auf dem **Bispevegen** (Bischofsweg) über die Höhenzüge nach Osten ins benachbarte Fyresdal.

Auf dem Weg nach Bykle im **oberen Setesdal** lohnt es sich, bei dem alten **Byklestigen** anzuhalten und eine kleine Wanderung von etwa 45 Min. Länge einzuschieben. Der berühmt-berüchtigte Pfad umging die Otraschlucht und war bis 1879 die einzige Verbindung zwischen Bykle und dem restlichen Setesdal. Heute ist der Weg gut gesichert und mit Informationstafeln versehen.

Setesdal heißt Abgeschiedenheit zwischen Gneiswänden (oben)*: Auf dem Wasserweg wandert Holz zur Papierherstellung* (Mitte)*, bucklige Wiesen an Berghängen sind für Schafe kein Problem* (unten)

In den alten Minen des Setesdal ist unscheinbarem Stein manch Geheimnis zu entlocken

Der Ort **Bykle** selbst besitzt eine kleine *Kirche* aus dem 17. Jh. mit Rosenmustermalereien von 1826 und alte Setesdaler *Höfe* im Museum Huldreheimen und Henriksentunet.

Beim Sommer- und Wintersportort **Hovden** hat man schließlich die raue Fjellregion erreicht. Hovden wurde zum größten *Wintersportzentrum* Südnorwegens ausgebaut und bietet sich auch als Ausgangspunkt für Wanderungen an. Im **Jernvinnemuseum** (Mitte Juni–Mitte Aug. tgl. 11–17 Uhr) kann man sehen, wie die Wikinger Kohle produziert und Eisen gewonnen haben.

ℹ️ Praktische Hinweise

Information: Valle og Rysstad Reiselivslag & Turistkontor, Valle, Tel. 37 93 75 29, Fax 37 93 75 16, www.setesdal.com

Hotels

Bergtun Hotell, Valle, Tel. 37 93 77 00, Fax 37 93 77 15. Kleines Hotel im Landesstil mit Grasdach und Altan. Besonders schön sind die Zimmer im älteren Trakt mit z. T. bemalten Schrankbetten.

Valle Motell und Camping, Valle, Tel. 37 93 77 00, Fax 37 93 77 15. Motelzimmer, Apartment- und Campinghütten für 2–8 Personen; daneben befindet sich ein Campingplatz.

Umwege und Unwegsamkeiten

Bevor 1840 der erste Weg durch das Setesdal angelegt wurde, orientierten sich dessen Bewohner eher nach Westen Richtung Stavanger oder zur Telemark im Osten, denn der reißende Fluss Otra, **Steinschlaggefahr** und glatte **Gneiswände** machten es fast unmöglich, das Tal von Nord nach Süd zu passieren. Einen verkehrstechnischen Gewinn bedeutete die 1896 eröffnete **Setesdalbanen**, durch die das Tal eine Verbindung nach Kristiansand erhielt. 1962 wurde die Linie mit Ausnahme eines kleinen Abschnitts wieder eingestellt, der heute noch in den Sommermonaten von einer Veteranenbahn zwischen Grovane und Beihølen befahren wird.

Im Jahr 1990 wurde eine neue **Straßenverbindung** von Rysstad im mittleren Setesdal über das obere Sirdal nach Stavanger eröffnet (RV 45). Diese gute, aber teilweise schmale Straße führt durch eine sehr schöne Landschaft bis auf 1000 m Höhe und ermöglicht einen Abstecher von rund 20 km an den **Lysefjord**: Die atemberaubend steile Serpentinenstrecke überwindet in 27 Haarnadelkurven 932 m Höhenunterschied, bis sie die Siedlung **Lysebotn** erreicht.

8 Von Mandal bis Egersund

Die ›grüne Küstenstrecke‹ entlang des Schärengürtels mit schönen Badebuchten und idyllischen Städtchen.

Mandal – Lindesnes –
Flekkefjord – Egersund

›Laks i lomma, aeg i skoan, fintbröd i hatten‹ – ›Lachs in der Tasche, Eier in den Schuhen und Weißbrot im Hut‹, so lautete die Devise zur Blütezeit von **Mandal** im 17. Jh. Der Ort entwickelte sich aus der Handelsstation Spidsboe im 15. Jh. und kam dank seiner Eichenwälder und des Lachsreichtums im Mandalselv zu einigem Wohlstand. Die drei Lachse im Stadtwappen gehen auf diese Zeit zurück. Am Westufer des Flusses sind viele schöne **Bürgerhäuser** und **Kaufmannshöfe** erhalten. Den Höhepunkt der Sommersaison bildet Mitte August das *Scha-*

lentierfestival: Dann verwandelt sich die Innenstadt in ein riesiges Buffet im Freien.

Im größten und prächtigsten Kaufmannshof der Stadt, dem **Andorsengård** von 1801 in der Nähe des Hafens, fand das *Stadtmuseum* (Mitte Juni–Mitte Aug. Mo–Fr 11–17, Sa 11–14, So 12–17 Uhr) seinen Platz, das neben einer Gemäldegalerie norwegischer Landschaftsmaler des 19. Jh. (u. a. Werke von Amaldus Nielsen und Gustav Vigeland) eine Seefahrts- und Fischereiabteilung beinhaltet.

Mandal hat eine Reihe von bekannten norwegischen Künstlern hervorgebracht: An den Maler **Amaldus Nielsen**, der in der Nordgata aufwuchs, erinnert die Büste vor der Amtmannstube *Skrivergården* (1766). Sie wurde von **Gustav Vigeland** angefertigt, der 1869 im heutigen Gustav Vigelandsvei 20 zur Welt kam. Der Maler **Adolph Tidemand**, der bedeutendste Vertreter der norwegischen Nationalromantik, wurde 1814 im *Tidemandhof* (heute eine Seniorentagesstätte) geboren – auf dem Marktplatz hat man ihm ein Denkmal gesetzt.

Am nördlichen Stadtrand erhebt sich die ungewöhnlich große **Mandal Kirke** (Mitte Juni–Mitte Aug. Di und Do 11–14 Uhr, Juli Di–Fr 11–14 Uhr). Die außen weiß gestrichene Holzkirche, die nach einem Brand 1810 im Empirestil wieder errichtet wurde, zählt mit ihren 1800 Sitzplätzen zu den größten Gotteshäusern des Landes. Beeindruckend sind im *Inneren* die schweren Holzsäulen, auf denen das Tonnengewölbe ruht, und die unmittelbar über dem Altar angebrachte Kanzel.

Etwa 2 km westlich von Mandal liegt Norwegens schönster und längster Strand (etwa 900 m) **Sjøsanden** am Rande des ausgedehnten Kiefernwaldes *Furulunden*, durch den man weitere kleinere Sandstrände erreicht.

Der *südlichste Punkt* des norwegischen Festlands liegt gut 40 km südwestlich von Mandal beim Leuchtturm von **Lindesnes**, Norwegens ältestem Leuchtfeuer von 1655. Ein Schild informiert den Reisenden, dass ihn 2518 km per Straße vom Nordkap trennen.

Eine sehr abwechslungsreiche Strecke führt über den malerischen Fedafjord nach **Flekkefjord**. Sehenswert ist der alte Stadtteil *Hollænderbyen*: Im 17. Jh. kauften die Holländer hier ihr für Boots- und Deichbau benötigtes Holz ein.

Die Segel streichen: Rund um den Hafen von Stavanger warten historische Schätze, eine lebendige Kneipenkultur und Zeugnisse der Moderne

Von Flekkefjord nimmt man die Route RV 44 Richtung Stavanger und erreicht bald die Provinz *Rogaland*, einen sehr fruchtbaren Landstrich. Auf der beeindruckenden Strecke bergauf und bergab gelangt man zum Städtchen **Egersund**, das einen gut geschützten, seit der Wikingerzeit bekannten Naturhafen besitzt. Der Heringsfang im 19. Jh. brachte der Stadt eine Blütezeit, von der noch die hübschen *alten Holzhäuser* zeugen.

ℹ Praktische Hinweise

Information: Turistkontor, Bryggegate 10, Mandal, Tel. 38 27 83 00, Fax 38 27 83 01, www.visitregionmandal.com

Hotel

First Hotel Solborg, Neseveien 1, Mandal, Tel. 38 27 21 00, Fax 38 27 21 01, www.firsthotels.no. Modernes Hotel mit Restaurant und Bar.

9 Stavanger

Plan Seite 46

Ölmetropole mit internationalem Flair.

Norwegens viertgrößte Stadt (112 000 Einwohner) hat sich in den letzten Jahrzehnten seit den **Erdölfunden** in der Nordsee stark verändert. Heute zeigt sich Stavanger in einer angenehmen Mischung aus Alt und Neu, Weltoffenheit und gemütlicher norwegischer Lebensart. Im Unterschied zu Bergen ist Stavanger von verheerenden Bränden im 19. Jh. weitgehend verschont geblieben, sodass ganze Stadtviertel mit alten **Holzhäusern** erhalten sind.

Geschichte Stavanger entwickelte sich erst nach dem Bau der Domkirche im 12. Jh., erhielt 1125 Stadtrechte, wuchs jedoch sehr langsam. **Heringsfischerei** und -handel brachten ab 1830 eine vorübergehende Blüte, bis das plötzliche Verschwinden der Fischschwärme Ende des 19. Jh. Stavanger in eine wirtschaftliche Krise stürzte, die erst mit dem Aufkommen der **Konservenindustrie** und des Schiffbaus gelöst wurde. Sardinenverarbeitung war lange Zeit die wichtigste Einnahmequelle der Stadt, bis Stavanger in den 60er-Jahren des 20. Jh. Norwegens Ölhauptstadt wurde.

Besichtigung Es bietet sich an, die Atmosphäre dieser kontrastreichen Stadt bei einem Spaziergang auf sich wirken zu lassen. Als Ausgangspunkt empfiehlt sich die **Domkirke** ❶ (Mitte Mai–Mitte Sept. Mo/Di 11–18, Mi–Sa 10–18, So 13–18 Uhr, sonst Mi–Sa 10–15 Uhr), die sich etwas oberhalb vom Hafen erhebt und 1999

Romanische Pracht: Die Domkirche von Stavanger zählt zu den besterhaltenen und schönsten Sakralbauten des Mittelalters in Norwegen

umfassend renoviert wurde. Nach der Gründung des Bischofssitzes 1125 begann man mit dem Bau der Kirche und weihte sie dem hl. Svithun, dem 862 verstorbenen Bischof aus Winchester. Das Hauptschiff der dreischiffigen Basilika ist ein Musterbeispiel romanischer Baukunst. Der rechteckige, gotische Chor mit hohen Kreuzgewölben und die prächtige Ostfassade entstanden nach dem Brand von 1272. Aus der Barockzeit stammt die reiche Innenausstattung mit großer Kan-

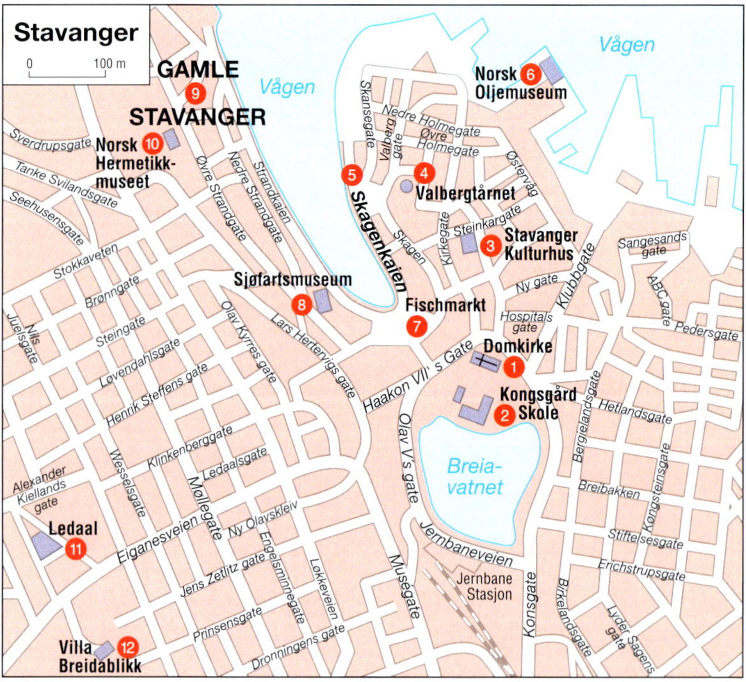

Die schmucken alten Holzhäuser im Stadtteil Gamle Stavanger sind nicht nur beliebtes Ziel der Touristen, sondern auch unter den Einheimischen als Wohnungen begehrt

zel, zahlreichen Epitaphien und Grabsteinen.

Die **Kongsgård Skole** ❷ neben dem Dom wurde ursprünglich (1260) als Bischofssitz erbaut und war später Residenz der Könige und Sitz des Amtmanns. Seit 1826 werden in dem spätbarocken Gebäude Kinder unterrichtet. Die gotische *Bischofskapelle*, die sich nördlich anschließt, stammt aus derselben Zeit wie der Chor der Kirche.

Gegenüber vom Dom beginnt das alte Viertel, das nach dem Stadtbrand 1684 entstand und sich wie eine Halbinsel östlich des Hafenbeckens vorschiebt. Hier liegen im **Stavanger Kulturhus** ❸ die Bibliothek und Kinos. Lebendig und bunt geht es im Fußgängerbereich zu, in dem über 300 Geschäfte und Boutiquen zum Bummeln und Shopping locken.

Einen schönen Blick auf das Hafenbecken hat man vom nahe gelegenen **Valbergtårnet** ❹ (Mo–Fr 10–16, Do 10–18, Sa 10–14 Uhr), dem alten Feuerwachturm, in dem heute Kunsthandwerk ausgestellt wird.

Schlendert man hinunter zum **Skagenkaien** ❺, der teilweise von pittoresken *Seehäusern* des 19. Jh. gesäumt wird, lohnt sich am Skagen 18 ein Blick auf das älteste Wohnhaus der Stadt: einen *Kaufmannshof* aus dem 18. Jh., dessen Fassade im Rokokostil umgestaltet wurde. Auf der Rückseite befindet sich ein gemütliches Café. 1999 wurde am Hafen das

Norsk Oljemuseum ❻ (Juni–Aug. tgl. 10–19 Uhr, Sept.–Mai Mo–Sa 10–16, So 10–18 Uhr) eröffnet. Das Gebäude sieht auf seiner Wasserseite fast wie eine Bohrplattform aus und beherbergt eine Sammlung zur Erdgeschichte allgemein sowie von der Entstehung bis zur Förderung der norwegischen Öl- und Gasvorkommen im besonderen. Darüber hinaus veranschaulichen Fotos und maßstabsgetreue Modelle Leben und Arbeiten auf einer Plattform.

Am Ende des Vågen bietet der lokale **Fischmarkt** ❼ ganze Berge von Meeresfrüchten an. Aus einer gewissen Distanz schaut der Dichter *Alexander Kielland* (1849–1906) gewissermaßen dem Treiben zu. Dem berühmtesten Sohn der Stadt wurde hier ein Denkmal gesetzt.

Zwei schöne alte Kaufmannshöfe aus dem 18./19. Jh., die westlich an den Fischmarkt anschließen, beherbergen heute das sorgfältig gestaltete **Sjøfartsmuseum** ❽ (Mitte Juni–Mitte Aug. tgl. 11–16 Uhr, 1. Junihälfte/2. Aug.-Hälfte Mo–Do 11–15 Uhr, sonst nur So 11–16 Uhr, Dez. geschl.), das sehr anschaulich die Entwicklung der Seefahrt dokumentiert.

Im Bereich des westlichen Hafenbeckens ist besonders der malerische Stadtteil **Gamle Stavanger** ❾ sehenswert. Man lebt fast wie vor 150 Jahren in kleinen, liebevoll restaurierten Häusern. Rund 160 weiße Holzbauten in engen und steilen Gassen mit

TOP TIPP

Kopfsteinpflaster und Gaslaternen wurden hier erhalten.

Zu einem Muss in Stavanger zählt der Besuch des **Norsk Hermetikkmuseet** 🔟 (Öffnungszeiten wie Sjøfartsmuseum) in einer ehem. Konservenfabrik aus dem 19. Jh. Hier erfährt man, wie einst Sardinenkonserven hergestellt wurden. Das Museum besitzt eine große Sammlung von zum Teil recht amüsanten Dosen-Etiketten (im Dialekt Iddiser genannt). An bestimmten Tagen werden frisch geräucherte Sprotten direkt aus dem Räucherofen angeboten.

Etwa 1 km südwestlich liegt in einem schönen Park der Herrensitz **Ledaal** 🔟 (Mitte Juni–Mitte Aug. tgl. 11–16 Uhr, sonst nur So, Dez./Jan. geschl.), den sich die Familie Kielland um 1800 errichten ließ. *Alexander Kielland* hat ihn in seinen Romanen unter dem Namen Sandsgård beschrieben. Heute dient das Gebäude auch zu Repräsentationszwecken und als

königliche Wohnung. Sehenswert sind das Interieur sowie eine interessante Porzellan- und Fayencensammlung.

Gegenüber liegt im Eiganesveien 40 a die große **Villa Breidablikk** 🔟 (Öffnungszeiten wie Ledaal), die 1880–82 für die Reederfamilie Berentsen im Schweizer Stil erbaut wurde und ein beredtes Zeugnis für die großzügige Lebensweise der Bourgeoisie darstellt. Nach dem Tod der letzten Berentsen-Erbin wurde Breidablikk dem Stavanger Museum übergeben.

Ausflüge

Unbedingt zu empfehlen ist ein Tagesausflug in den engen *Lysefjord*, zur Felskanzel **Preikestolen**, die 600 m senkrecht aus dem Fjord aufsteigt. Von Stavanger aus werden *Bootsfahrten* in den 40 km langen **Lysefjord** angeboten, um die Felskanzel von unten zu sehen. Wer den Preikestolen ersteigen und das fantastische *Panorama* von der un-

Hoffentlich sind Sie schwindelfrei, wenn Sie vom Felsplateau des Preikestolen aus 600 m Höhe das Panorama des Lysefjords genießen wollen

In der Zeit der großen Heringsschwärme entstand das Holzviertel von Skudeneshavn, das oft als schönstes Städtchen der Westküste bezeichnet wird

gesicherten Plattform genießen möchte, fährt über Tau, Jørpeland, Jøssang zur **Preikestolhytta**, wo der 2,5-stündige Wanderweg beginnt. Am Ende des Lysefjords, das über eine Fähre zu erreichen ist, führt eine beeindruckende Serpentinenstraße die doch recht steile Felswand hinauf und ermöglicht den Übergang ins Setesdal [Nr. 7].

Ein Ausflug zum **Utstein Kloster** nördlich von Stavanger auf der *Insel Mosterøy* wird zu einem besonderen Erlebnis, wenn man ihn mit einem Konzertbesuch verbindet (Klassik oder Jazz). Das dem hl. Laurentius geweihte Augustinerkloster geht auf das Ende des 13. Jh. zurück und ist das besterhaltene in Norwegen.

Für Familien mit Kindern ist der Vergnügungspark **Kongeparken** 28 km südlich von Stavanger zwischen Ålgård und Gjesdal ein interessantes Ziel.

ℹ️ Praktische Hinweise

Information: Destinasjon Stavanger, Rosenkildetorget 1, Stavanger, Tel. 51 85 92 00, Fax 51 85 92 02, www.visitstavanger.com

Hotels

Comfort Grand Hotel, Klubbgaten 3, Stavanger, Tel. 51 20 14 00, Fax 51 20 14 01. Sehr zentrales, solides Hotel.

Radisson SAS Atlantic Hotel Stavanger, Olav V's gate 3, Stavanger, Tel. 51 76 10 00,

Fax 51 76 10 01, www.radissonsas.com. Großes Geschäftshotel zentral am Breiavatnet.

Park Inn Stavanger, Lagårdsveien 61, Stavanger, Tel. 51 76 20 00, Fax 51 76 20 01, www.parkinn.com. Komfortables Hotel mit großzügigen Zimmern.

Restaurants

N. B. Sørensens Dampskibsexpedition, Skagen 26, Stavanger, Tel. 51 84 38 20. Spezialitäten aus aller Welt.

Straen Fiskerestaurant, Strandkaien, Stavanger, Tel. 51 84 37 00. Gutes Fischrestaurant mit Blick auf den Vågen.

🔟 Von Skudeneshavn nach Haugesund

Fischerhäfen, Anglerparadies, Festivalstadt.

Skudeneshavn – Karmøy – Haugesund – Utsira

Auf dem Weg von Stavanger nach Haugesund kann man **Skudeneshavn** passieren, einen pittoresken Ferienort im Süden der Insel Karmøy. Selten sonst findet sich in Norwegen ein so harmonisches Ensemble weißer Holzhäuser, die mit ihren Blumenbalkons und Schnitzereien viel Gemütlichkeit ausstrahlen. Dieser malerische alte Stadtteil entstand im 19. Jh., als der Hafen, der

Frisch gefangen und gehangen: der Werdegang vom Dorsch zum Stockfisch

schon im 17. Jh. für seinen Hummerhandel bekannt war, durch die **Heringsfischerei** aufblühte. Salzheringe wurden damals bis nach Russland und Preußen exportiert. Auf dem Rückweg brachten die Segelschiffe Korn, Hanf, Möbel und Haushaltsgegenstände mit. Einige dieser Waren des 19. Jh., etwa Porzellanservices, sind im Stadtmuseum **Mælandsgården** ausgestellt. Sammlungen zur Seefahrt

und Fischerei werden im Seehaus gezeigt (Juni–Aug. Mo–Fr 11–17, So 12–18 Uhr). Zu seinen besten Zeiten (um 1868) hatte Skudeneshavn 1357 Einwohner.

Die flache Insel **Karmøy** hat schöne Badestrände und mehrere Fischerhäfen an der Westküste, z. B. *Åkrehamn* mit einem herrlichen feinsandigen Strand.

Der Nordteil der Insel weist reiche historische Spuren auf wie die etwas abseits der Straße liegende **Avaldsnes Kirke** (Juni–Aug. Mo–Sa 11–18, So 13–18 Uhr), die um 1250 über dem Königshof von Norwegens erstem König Harald Schönhaar errichtet und Olav dem Heiligen geweiht wurde. Das wehrhafte steinerne Gotteshaus war damals eine der größten Kirchen und hatte den Rang einer *Königlichen Kapelle*. An der Nordseite neigt sich ein 6,5 m hoher *Megalith* zur Kirchenmauer, der im Volksmund ›Marias Nähnadel‹ genannt wird und der Sage nach das Ende der Welt anzeigt, sollte er jemals die Kirchenmauer berühren.

In Bukkøy bei Avaldsnes erfährt man auf einem rekonstruierten *Wikingerhof* (Mai–Sept. Mo–Fr 9–18, Sa 10–17, So 12–18 Uhr, Okt.–April Mo–Fr 9–16, Sa 10–16. So 12–18 Uhr) Interessantes über das Leben der Wikinger und in der ersten Juniwoche wird das Wikingerfestival gefeiert.

Die Fischerei-, Handels- und Industriestadt **Haugesund** feiert im Sommer ein Festival nach dem anderen: Im Juni wird

Hier sind die Wikinger los! Beim Wikingerfest in Avaldsnes darf man einmal jährlich in die Haut der bärbeißigen Ahnen schlüpfen – zumindest äußerlich

Haugesund war Mitte des 19. Jahrhunderts noch ein Fischerdorf, heute ist es eine blühende Handels- und Festivalstadt

das *Nordsee-Festival* veranstaltet, Europas größter Sportangler-Wettbewerb, im August folgen das renommierte internationale Jazzfestival *Sildajazz* und das *Norwegische Filmfestival*, das mit dem weltlängsten Heringsbuffet endet. Dann brodelt die Innenstadt vor Leben, der Jachthafen im Smedasund ähnelt einer Bootsmesse, in Cafés und Kneipen herrscht ein buntes Treiben.

Sehenswert im Zentrum der jungen Stadt, die ihre Entstehung den reichen Heringsvorkommen verdankt und seit 1854 Stadtrechte besitzt, sind das rosafarbene **Rathaus** von 1931 an dem mit Brunnen und Skulpturen geschmückten Platz und das **Karmsund Folkemuseum** (Mo–Fr 10–14 Uhr), das in der Skåregate 142 eine interessante Sammlung zur *Seefahrtsgeschichte* zeigt. Am Hafen kann man sich im **Dokken Museum** (Mitte Juni–Mitte Aug. So–Fr 12–17 Uhr), das in der Brogate liegt, über Wohnkultur und Arbeitsverhältnisse während der Blütezeit der *Heringsfischerei* im 19. Jh. informieren.

Etwa 2 km nördlich des Zentrums liegt der **Haraldshaugen**: Der Überlieferung nach wurde hier Harald Schönhaar begraben. Zum 1000-jährigen Jubiläum der Einigung Norwegens 1872 errichtete man den 17 m hohen *Obelisken* aus Granit, umgeben von 29 kleineren Steinen, die die geeinten Bezirke Norwegens symbolisieren. Keine 100 m südlich befindet sich auf dem **Krosshaugen** ein alter Thingplatz mit einem Steinkreuz aus der frühchristlichen Zeit Norwegens um das Jahr 1000.

Die kleine Insel **Utsira** etwa 13 km westlich von Haugesund ist für Sportangler und Ornithologen ein lohnendes Ziel. In Norwegens kleinster Gemeinde leben die Menschen überwiegend von der Fischerei. Wer dort übernachten möchte, mietet sich privat in einer der Rorbuer (Fischerhütten) ein.

ℹ **Praktische Hinweise**

Information: Karmøy Turistkontor, Avaldsnes, Tel. 52 85 60 66 (Juni–Aug.) und ganzjährig bei: Karmøy Kulturopplevelser, Avaldsnes, Tel. 52 83 84 00, Fax 52 83 84 01, www.karmoy.org

Hotels

Comfort Amanda Home, Smedasundet 93, Haugesund, Tel. 52 80 82 00, Fax 52 72 86 21. Zentral gelegenes Geschäftshotel mit Restaurant am Wasser.

Rica Maritim, Åsbygate 3, Haugesund, Tel. 52 86 30 00, Fax 52 86 30 01, www.rica.no. Modernes Hotel mit Restaurant am Sund.

Die Fjorde im Westen –
Begegnung von Meer und Gebirge

Zwischen der alten Hansestadt **Bergen** und **Trondheim** erstreckt sich eine der schönsten Regionen Norwegens. Fjord und Fjell prägen die Landschaft. Vom lieblichen **Hardangerfjord** erreicht man über **Voss** den majestätischen **Sognefjord** mit seinen pittoresken Stabkirchen. Ein Besuch der mächtigen Gletscherzungen des Jostedalsbreen im Bereich des **Nordfjords** lohnt, ehe man über den berühmten **Geirangerfjord** und den imposanten Trollstigvegen an die Küste zum Romsdalsfjord fährt.

Westnorwegen ist stark vom Meer geprägt mit lebhaften Hafenstädten wie **Ålesund**, **Molde** und **Kristiansund**. Unzählige Inseln sind der Küste vorgelagert, besonders sehenswert ist der Vogelfelsen auf der Insel **Runde**. Kurvenreiche Straßen, Fjellübergänge und Fährüberfahrten sorgen für ein gemächliches Reisetempo, das der beeindruckenden Landschaft durchaus gerecht wird. Das Wetter kann hier im Vestland blitzschnell zwischen Sonne und Regensturm wechseln, aber auch das gehört zu den unverwechselbaren Eigenheiten dieses Landstrichs.

11 Bergen *Plan Seite 54*

Charmante alte Hansestadt – Ausgangspunkt für Reisen ins Fjordland.

Die lebhafte Universitätsstadt mit dem historischen Viertel aus der Hansezeit, interessanten Museen und einem reizvollen Umland ist Norwegens zweitgrößte Stadt (237 000 Einwohner). Seit mehr als 50 Jahren ist das Ende Mai stattfindende **Bergen International Festival** Höhepunkt des Kulturjahres.

Geschichte Bergen wurde 1070 von König Olav Kyrre gegründet und entwickelte sich dank seines geschützten Hafens und der günstigen geografischen Lage zwischen den Fischereigegenden im Norden und den Märkten des Nord- und Ostseeraums zu einem Umschlagplatz für den **Stockfischhandel**. Bis Ende des 13. Jh. war Bergen die wohlhabendste Stadt im Land, kontrollierte den gesamten Fischhandel entlang der norwegischen Küste, war zugleich **Königsresidenz**, Hauptstadt und Bischofssitz. Da-

mals besaß Bergen mehr als 20 Kirchen und Klöster – stattliche Symbole des Reichtums der Bürger.

1350 eröffnete die **Hanse** ihre erste Handelsstation an der Hafenbucht Vågen, die danach ›Tyskebryggen‹ (Die

Vom Meer umspült und von Höhenzügen gerahmt: die einstige Hansestadt Bergen ▷

Deutsche Brücke) genannt wurde. Hier entstand ein eigenes Gemeinwesen deutscher Handwerker und Kaufleute. Das deutsche Kontor in Bergen, in dem 1000–2000 Männer lebten (keine Frauen), verfügte über eine unabhängige Gerichtsbarkeit, ein eigenes Finanzwesen und Waffen. Die **Tyskebryggen** wurde jedes Jahr von 30–60 Hansekoggen angelaufen, die u. a. Mehl, ungemahlenes Getreide, Hopfen, Salz und Leinen importierten und Stockfisch sowie andere Fischprodukte ausführten. Die deutsche Hanse beherrschte ab dem Ende des 14. Jh. den norwegischen Außenhandel, bis sie im 16. Jh. das Monopol des Stockfischhandels verlor.

Während die ›Hanseaten‹ auf Bryggen wie auf einer abgeschlossenen Insel lebten, ließ sich das allmählich gewachsene neue Handelsbürgertum an der Strandseite nieder, sodass der Ort bis Mitte des 17. Jh. praktisch aus zwei Teilen bestand. An Größe überflügelte Bergen bis ins 19. Jh. sogar die Hauptstadt Christiania (Oslo). Heute ist es eine bedeutende Handels-, Marine- und Industriestadt und genießt außerdem den Ruf als kulturelles Zentrum des Landes.

Besichtigung Für eine Stadtbesichtigung werden hier zwei Rundgänge vorgeschlagen, die man bequem zu Fuß bewältigen kann. Ein weiterer Rundgang führt zu etwas entfernteren Zielen außerhalb des Zentrums, die man besser mit dem Bus oder Auto ansteuert.

Ein Anziehungspunkt, dem kaum jemand widerstehen kann: Bergens Fischmarkt

Rund um den Hafen

Ausgangspunkt eines Bummels durch das lebhafte alte Zentrum ist der bekannte Bergenser **Fischmarkt** ❶ am Torget, der alle erdenklichen Meerestiere des Atlantiks bietet, Lachs in verschiedensten Zubereitungen und die leckeren frischen Garnelen. Vom Torget aus, an dem auch ein *Blumen-* und *Gemüsemarkt* seine Waren anpreist, erreicht man in wenigen Schritten **Bryggen** ❷, das berühmte Stadtviertel der Hanse, das nach einem verheerenden Stadtbrand 1702 wieder aufgebaut und 1979 in die UNESCO-Liste erhaltenswerter Denk-

TOP TIPP

Sonnenpause beim Seemannsmonument am Torget mit Blick auf den Vågen

mäler aufgenommen wurde. Die eng beieinander stehenden, buntgestrichenen *Holzhäuser* mit spitzen Giebeln zur Seeseite dienten den Hansekaufleuten als Warenlager und Wohnhäuser. Der typische Bryggenhof bestand aus zwei parallelen Häuserreihen mit einer dazwischenliegenden Gasse. Lagerhaltung und Handel fanden im Vorderhaus in Kainähe statt, als Wohnung und sozialen

Aktivitäten diente der hintere Teil. Statt Stockfisch und Tran werden heute Norwegerpullover, Silberschmuck oder Antiquitäten in den ehem. Lagerhäusern verkauft. Im Sommer finden interessante *Führungen* durch Bryggen statt, das neben kleinen Boutiquen auch mit gemütlichen Kneipen und ausgezeichneten Restaurants aufwarten kann.

Det Hanseatiske Museet ❸ (Juni–Aug. tgl. 9–17 Uhr, Sept./Mai tgl. 11–14 Uhr, Okt.–April Di–Sa 11–14, So 12–17 Uhr), das Hanseatische Museum im *Finnegården*, ist ein weitgehend original erhaltener Hansehof. Es zeigt sehr schön, wie die Kaufleute, Gesellen und Lehrjungen lebten und arbeiteten.

Zum Museum gehört die benachbarte *Schøtstuene* (Juni–Aug. tgl. 10–17 Uhr, Mai/Sept. 11–14 Uhr, Okt.–April nur So 11–14 Uhr), ein Versammlungshaus, in dem früher nach Feierabend regelmäßig getrunken, geplaudert und gespielt wurde.

Das weiter nördlich gelegene **Bryggens Museum** ❹ (Mai–Aug. tgl. 10–17 Uhr, Sept.–April Mo–Fr 11–15, Sa 12–15, So 12–16 Uhr) informiert über den Alltag im mittelalterlichen Bergen, über Lokalgeschichte, Stadtentwicklung, Wirtschaft, Religion und soziales Leben. Das Museum wurde nach dem Brand 1955 über archäologischen Fundstätten errichtet, die

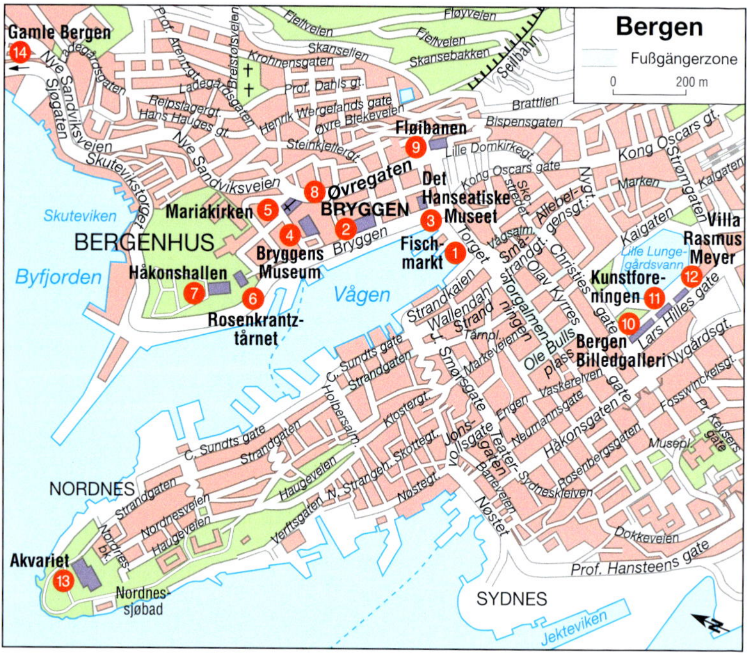

Hier wohnten einmal die Hanseaten. Heute sind die berühmten alten Holzhäuser von Bryggen eines der beliebtesten Fotomotive in der hübschen Stadt

sehr gut erschlossen und präsentiert sind.

Hinter dem Museum sieht man die **TOP TIPP** Türme der **Mariakirken** ❺ (Mitte Mai–Mitte Sept. Mo–Fr 11–16 Uhr und nach Vereinbarung, Tel. 55 59 32 70), der wichtigsten Kirche der Deutschen in Bergen. Bis etwa 1870 wurde hier in deutscher Sprache gepredigt. Das romanische, später gotisch veränderte Gotteshaus aus dem 12. Jh. ist das älteste erhaltene Gebäude der Stadt und besitzt einen reich verzierten Innenraum. Sehenswert sind vor allem die barocke *Kanzel* und das *Triptychon* (1500) von Bernt Notke aus Lübeck.

Eine schöne Aussicht auf die Stadt und den Hafen bietet sich etwa 300 m weiter von dem mächtigen **Rosenkrantztårnet** ❻ (Mitte Mai–Aug. tgl. 10–16 Uhr, sonst So 12–15 Uhr), der sich innerhalb der Mauern der *Festung Bergenhus* erhebt. Er entstand 1560–70 als Wehr- und Residenzturm für den Lehnsherrn Erik Rosenkrantz. Zur Festung, die Bryggen jahrhundertelang Schutz bot und im Mittelalter politisches und kirchliches Zentrum war, zählt auch die gotische **Håkonshallen** ❼ (Mitte Mai–Aug. tgl. 10–16 Uhr, sonst Fr–Mi 12–15, Do 15–18 Uhr). Diese Festhalle des 13. Jh. ist eines der größten norwegischen Gebäude aus dem Mittelalter.

Über die **Øvregaten** ❽, zur Hansezeit die ›sündige Meile‹ Bergens, erreicht man die Talstation der **Fløibanen** ❾. Wer mit

TOP TIPP der Standseilbahn auf den Stadtberg **Fløyen** (320 m) hinauffährt, wird mit einem sehr schönen Blick über Stadt, Hafen und Umgebung belohnt. Zudem lädt die Anhöhe zu Spaziergängen ein, in deren Anschluss man in dem Panorama-Restaurant einkehren kann.

Rund um den See Lille Lungegårdsvann

Von dem kleinen Alten Rathaus von 1568 erreicht man über die Christies gate die *Rasmus Meyers allé*, an der die besten

Einst Pforte zum Gottesdienst der Deutschen Gemeinde im hohen Norden: Romanisches Südportal der Mariakirken

Kunstmuseen der Stadt liegen: Den Anfang macht die **Bergen Billedgalleri** ❿ (Mitte Mai–Mitte Sept. tgl. 11–17 Uhr, sonst Di–So 11–17 Uhr) mit einer sehenswerten Sammlung norwegischer Malerei der letzten 150 Jahre sowie Ikonen und alter Meister. Im gleichen Gebäude werden in der *Stenersen Sammlung* 250 Werke von international bekannten modernen Künstlern wie Munch, Picasso, Klee und Utrillo ausgestellt. An die **Kunstforeningen** ⓫ mit Wechselausstellungen zu Malerei, Skulptur und Grafik schließt die **Villa Rasmus Meyer** ⓬ (Mitte Mai–Mitte Sept. tgl. 11–17 Uhr, sonst Di–So 11–17 Uhr) mit der großen Kunstsammlung des Geschäftsmanns und Kunstliebhabers Rasmus Meyer (1859–1916) an. Neben norwegischer Malerei mit einigen bekannten Gemälden von *Edvard Munch* sind hier Mobiliar und Wandteppiche ausgestellt.

Etwas abseits, am Ende der Nordnes-Halbinsel, befindet sich das sehr sehenswerte **Akvariet** ⓭ (Mai–Sept. tgl. 9–20 Uhr, sonst 10–18 Uhr) mit einer großen Sammlung Meeresfische. Zu den Hauptattraktionen gehören die *Fütterungen* der Seehunde und Pinguine. Ein kleines Personenboot verkehrt zwischen Fischmarkt *(fart)* und Aquarium. Während der Fahrt hat man teils einen freien Blick auf Bryggen.

Rund um das Stadtzentrum

Im Stadtteil Sandviken lohnt sich der Besuch des Freilichtmuseums **Gamle Bergen** ⓮ (Juni–Aug. tgl. 9.30–16.30 Uhr). 35 typische, komplett ausgestattete Bergenser Holzhäuser des 18./19. Jh., Wohnhäuser und Geschäfte, vermitteln hier einen Eindruck davon, wie man damals in der Stadt lebte.

Etwa 3 km westlich vom Zentrum im Stadtteil Laksevåg liegt der **Damsgård Hovedgård** (20. Mai–Aug. Di–So 11–17 Uhr). Das reizende Rokoko-Herrenhaus mit hübschem Park wurde restauriert und original möbliert. Es galt 1770 als schönstes der vielen Lusthäuser, die sich wohlhabende Stadtbürger für Freizeit und Festlichkeiten etwas außerhalb Bergens bauen ließen.

Südlich vom Zentrum in Paradis steht die **Fantoft Stabkirke** (Mitte Mai–Mitte Sept. tgl. 10.30–14 und 14.30–18 Uhr), die nach einem Brand 1992 wieder sehr schön aufgebaut wurde. Die ursprünglich 1150 in Fortun am Sognefjord erbaute Kirche wurde 1883 an ihren heutigen Standort transportiert.

Etwas weiter, in Hop, zieht **Troldhaugen** (Mai–Sept. tgl. 9–18 Uhr, sonst Mo–Fr 10–14, Okt. und Nov. Sa/So 12–16 Uhr) zahlreiche Besucher an: Der Park und Wohnsitz *Edvard Griegs* von 1885 sind ebenso wie die kleine Hütte, in der viele seiner Werke entstanden, und eine Ausstellung über den Komponisten zu besichtigen. Im Sommer finden in Troldhaugen Konzerte statt.

Bei schönem Wetter lohnt es sich sehr, mit der Kabinenbahn auf den Aussichtsberg **Ulriken** (642 m) im Osten Bergens hinaufzufahren. Der Blick reicht weit über Stadt, Meer und die Gipfel im Inland. Außerdem bestehen gute Wandermöglichkeiten. Ein Bus bringt Besucher bequem vom Touristenbüro zur Talstation (im Sommer tgl. 9–23 Uhr, im Winter tgl. 10 Uhr bis Sonnenuntergang).

Ausflüge

Der berühmte norwegisch-amerikanische Geiger und Komponist *Ole Bull* (1810–1880) ließ sich 1872–73 seine Traumvilla auf der südlich der Stadt gelegenen Insel *Lysø* bauen. Heute dient die **Villa Ole Bulls** (Mitte Mai–Ende Aug. Mo–Sa 12–16, So 11–17 Uhr, Sept. So 12–16 Uhr. Zu Öffnungszeiten fährt das Personenschiff zu jeder vollen Stunde vom Buenakai ab) mit ihrem Zwiebelturm und den orientalischen Mauerornamenten als Museum.

Auf dem Festland kann man die Ruinen des alten Klosters **Lyse** besichtigen, das 1146 von englischen Zisterziensermönchen gegründet wurde und bis zur Reformation das größte Kloster in Norwegen war.

ℹ Praktische Hinweise

Information: Bergen Tourist Information, Vågsallmenningen 1, Bergen, Tel. 55 55 20 00, Fax 55 55 20 01, www.visitbergen.com. Mit Kauf der **Bergen Card** erhält man kostenlosen bzw. ermäßigten Zutritt zu einigen Museen, Fløibanen, Stadtbussen etc.

Führungen und Stadtrundfahrten

Deutschsprachige Führungen durch Bryggen (1½ Std.) gibt es Juni–Aug. ab Bryggens Museum. *Rundfahrten* werden durchs Zentrum und zu Sehenswürdigkeiten in der Umgebung angeboten.

Hafenrundfahrten oder Halbtages-Fjordfahrten sind ab dem Fischmarkt möglich.

Eingerichtet wie zu Edvard Griegs Zeiten: Das Arbeitszimmer des berühmten Komponisten in seinem Wohnhaus Troldhaugen ist heute Ziel für Besucher aus aller Welt

Hotels

Bristol, Torgalmenningen 11, Bergen, Tel. 55 55 10 00, Fax 55 55 10 01, www.rainbow-hotels.no. Zentral gelegenes Hotel mit modernen Zimmern.

Clarion Admiral, C. Sundtsgate 9–13, Bergen, Tel. 55 23 64 00, Fax 55 23 64 64, www.admiral.no. Beste Lage direkt am Hafen mit Blick vom Restaurant Emily auf das alte Hanseviertel Bryggen.

Hotel Park Pension, Hårfagresgate 35, Bergen, Tel. 55 54 44 00, Fax 55 54 44 44, www.parkhotel.no. Kleines Hotel, nahe der Uni, in zwei Villen des 19. Jh.

Restaurants

Enhjørningen, Bryggen, Bergen, Tel. 55 32 79 19. Besonders gemütliches Fischrestaurant.

Ned's, Zachariasbrygge, Bergen, Tel. 55 55 96 60. Gutes Fischrestaurant direkt am Fischmarkt, auch Wild- und Fleischgerichte.

TOP TIPP **Lyststedet Bellevue**, Bellevuebakken 9, Bergen, Tel. 55 33 69 99. Ausgezeichnetes Gourmet-Restaurant in schönem Ambiente mit Panoramablick über Bergen - Bewirtung nur für Gruppen.

To Kokker, Bryggen, Bergen, Tel. 55 32 28 16. Gutes Restaurant mit norwegischer Küche in einem der alten Bryggenhäuser.

12 Hurtigruten

 TOP TIPP *›Die schönste Seereise der Welt‹ auf Norwegens ›Reichsstraße Nr. 1‹.*

Jeden Abend, ob Sommer oder Winter, legt ein Schiff der Hurtigruten von Bergen ab, um über Trondheim, Tromsø und Hammerfest die Nordkapinsel und Kirkenes an der russischen Grenze anzusteuern und von dort zurück nach Bergen zu fahren. Pünktlich und zuverlässig werden in elf Tagen 35 kleinere und größere Häfen angelaufen, Paletten mit Lebensmitteln und Konsumgütern, früher auch Post und Zeitungen, ausgeladen und Schulkinder verabschiedet. Seit 1893 stellt die **Postschiffroute** für die kleinen Küstenorte oft die einzige Verbindung mit der Außenwelt dar.

Den Reiz der Hurtigruten macht neben der ständig wechselnden faszinierenden Landschaft die ungezwungene Atmosphäre an Bord aus. Kundige **Reiseleiter** informieren zur Saison über Sehenswertes entlang der Route. Vorträge, Veranstaltungen und Landausflüge sorgen für Abwechslung.

Die kombinierten Fracht- und Passagierschiffe können nur eine begrenzte Anzahl von Fahrzeugen befördern. Auf den älteren, besonders typischen Schiffen haben nur 4–6 Autos Platz, die moderneren können bis zu 60 Fahrzeuge transportieren. Wer in der Hochsaison reisen möchte, muss Kabine und Pkw-Platz Monate im Voraus reservieren.

In *Stokmarknes* auf den Vesterålen ist der berühmten Postroute das kleine **Hurtigrutenmuseum** gewidmet [s. S. 109], in dem man sich mit der Geschichte dieser schönen norwegischen Institution vertraut machen kann.

ℹ️ Praktische Hinweise

Information und Reservierung:
NSA Norwegische Schifffahrtsagentur GmbH, Kleine Johannisstraße 10, 20457 Hamburg, Tel. 040/37 69 30, Fax 36 41 77, www.hurtigruten.de

13 Hardangerfjord

Der Inbegriff der norwegischen Fjorde und Obstgarten Westnorwegens.

Lofthus – Utne – Eidfjord – Måbødal – Simadalsfjord – Ulvik – Osa – Rosendal

Der malerische Hardangerfjord zählt zu den schönsten Fjorden des Landes. 180 km schneidet er in die westnorwegische Landschaft ein. Steile Bergwände, Gletscher und tosende Wasserfälle bilden die Kulisse für idyllische Orte und Hunderttausende von Obstbäumen, die sich im glatten Wasser spiegeln. Zur **Obstbaumblüte** im Mai/Juni zeigt sich die Landschaft, die schon Generationen von Malern, Komponisten und Dichtern inspirierte und verzauberte, von ihrer prachtvollsten Seite. Der Hardangerfjord ist ein ganzes Fjordsystem mit schmalen

Für viele unvergesslich: an Bord der Hurtigruten von Bergen bis Kirkenes

Seitenarmen wie dem *Sørfjord*, der sich südwärts bis nach **Odda** erstreckt.

Die herrlich gelegenen Ferienorte Lofthus und Ullensvang zählen zu den besten Obstanbaugebieten am Hardangerfjord. Besonders Kirschen und Äpfel gedeihen hier seit dem 13. Jh. In **Lofthus** verbrachte der Komponist *Edvard Grieg* mehrere Sommer. Seine bescheidene Hütte steht heute noch im Garten des Ullensvang-Hotels.

Bei der Fährstation *Kinsarvik* kann man aufs Nordufer nach Kvanndal übersetzen oder einen Abstecher zu dem wunderschön im Schnittpunkt dreier Fjordarme gelegenen Ort **Utne** machen. Hier ist das *Hardanger Folkemuseum* (Mai tgl. 10–15, Juni–Aug. tgl. 10–17 Uhr, sonst Mo–Fr 10–15 Uhr) ebenso einen Besuch wert wie das traditionsreiche, urgemütliche *Utne Hotel*, welches auf das Jahr 1722 zurückgeht. 16 km südlich des Ortes liegt die alte bäuerliche Siedlung *Agatunet* (Mitte Mai–Mitte Aug. tgl. 11–17, Mitte Aug.–Mitte Sept. Sa/So 11–17 Uhr), in der noch eine Gerichtsstube aus dem 13. Jh. erhalten ist.

Westlich von Utne kann man kurz vor Jondal zu Norwegens drittgrößtem Gletscher **Folgefonn** hinauffahren und sich

An einem der schönsten Seitenarme des Hardangerfjords liegt der Ferienort Ulvik

im dortigen Sommerskizentrum auf Pisten und Loipen vergnügen.

Viel Durchgangstourismus erlebt das Städtchen **Eidfjord** an der RV 7, die Oslo mit Bergen verbindet. Zahlreiche Besucher durchqueren den Ort auf dem Weg in die Hardangervidda [Nr. 27], über deren Flora, Fauna und Kultur das *Hardangervidda Sentrum* (Juni–Aug. tgl. 9–20, April/Mai, Sept./Okt. tgl. 10–18 Uhr) in Eidfjord informiert.

Sehr beliebt ist eine Fahrt durch das wilde, tief eingekerbte **Måbødal** hinauf auf die Hardangervidda. Zwischen 1887 und 1914 wurde die kühne Straße in Kombination aus Haarnadelkurven und Tunnels angelegt. Fahrradfahrer, Fußgänger und der Touristenzug *Trolltoget*, der beim Hof Måbø startet, können heute noch die alte Strecke benutzen, während die Autostraße wesentlich entschärft wurde. Ganz Sportliche wählen den alten Saumpfad, der über gut 1300 Treppenstufen und 125 Windungen auf das Hochplateau führt. Von der Panoramaherberge **Fossli**

Hotel aus hat man einen fantastischen Blick auf die in freiem Fall 182 m tief herabstürzenden Wassermassen des **Vøringsfossen**.

Am **Simadalsfjord**, ca. 6 km nordöstlich von Eidfjord, liegen die Kontraste – wie oft in Norwegen – dicht nebeneinander: hochmoderne Technologie im *Simakraftwerk* (Führungen Juni–Aug.), einem der größten in Europa, und beschauliche Idylle im heute noch bewohnten Einödhof *Kjeåsen*, der in 600 m Höhe an die steile Bergwand gebaut wurde. Der Hof mit dem weiten Blick auf Fjord und umliegende Gebirgslandschaft ist über einen Wanderweg in ca. 90 Min. oder bequemer per Auto über eine Straße zu erreichen.

Um zu dem reizvollen Ferienort **Ulvik** zu gelangen, muss man den Fjord überqueren. Von hier aus lassen sich abwechslungsreiche Wanderungen unternehmen, etwa auf dem ›Apfelbaumweg‹ oder auf dem ehem. Postweg nach Granvin. Zum Sommerangebot von Ulvik gehören Fjordfahrten, Rundflüge mit dem Wasserflugzeug, Angeln oder die Besichtigung eines Bauernhofs. Ein beliebter

Was auf den ersten Blick an die Reste eines Wikingerschiffs erinnert, ist das moderne Kunstwerk Stream Nest bei Osa

Ausflug führt am Osafjord entlang nach **Osa**. Mitten in der Landschaft steht hier das Kunstwerk *Stream Nest*, eine Skulptur aus 3000 Baumstämmen und 23 000 Backsteinen, die der Japaner *Takamasa Kuniyasu* anlässlich der Olympischen Winterspiele von Lillehammer 1994 schuf.

Bei **Norheimsund**, dem Zentrum am westlichen Hardangerfjord, kann man auf einem schmalen Pfad unter dem Wasserfall **Steinsdalsfossen** hindurchgehen. In Norheimsund lohnt ein Besuch der Museumswerft **Hardanger Fartøyvernsenter** (Juni–Aug. tgl. 10–17 Uhr), in der historische Holzboote restauriert werden. Dazu gehört ein Café, von dem aus man einen schönen Blick über den Fjord hat. Ein weiterer empfehlenswerter Abstecher führt am Fjordufer entlang bis zur Fährstation Gjermundshamn, wo man zur Baronie **Rosendal** (Mai–Mitte Sept. tgl. 10–17 Uhr) übersetzt. Schneller erreicht man dieses Ziel über den Tunnel unter dem Folgefonngletscher bei Odda. In einem romantischen *Park* mit Rosengarten und seltenen Bäumen liegt das schlichte Schloss von 1665, das heute ein *Museum* ist. Gezeigt werden Mobiliar, eine Gemälde- und eine Porzellansammlung.

ℹ Praktische Hinweise

Information: Destination Hardanger Fjord, Hardangerbrygge, Sandvenvegen 40, Norheimsund, Tel. 56 55 38 70, Fax 56 55 38 71, www.hardangerfjord.com

Hotels

Rica Brakanes Hotel, Ulvik, Tel. 56 52 61 05, Fax 56 52 64 10, www.brakanes-hotel.no. Modernes Hotel mit Restaurant, Swimmingpool, Garten und Strand in wunderschöner Lage direkt am Fjord.

Sandven Hotel, Norheimsund, Tel. 56 55 20 88, Fax 56 55 26 88, www.sandvenhotel.no. Geschmackvolles Hotel von 1857 im Schweizer Stil mit üppigen Schnitzereien an Holzbalkon, Giebel und Fassade direkt am Fjord. Gepflegte, angenehme Zimmer.

Der Vøringsfossen ist Norwegens viertgrößter und meistbesuchter Wasserfall

Serpentinen auf Normalspur: Die Flåmbahn bewältigt in vielen Windungen Berg und Fels und bis zu dem Ort Myrdal einen Höhenunterschied von 865 m

Ullensvang Hotel, Lofthus, Tel. 53 67 00 00, Fax 53 67 00 01, www.hotel-ullensvang.no. Großer Hotelkomplex direkt am Wasser mit Restaurant und Sportcenter.

Utne Hotel, Utne, Tel. 53 66 64 00, Fax 53 66 10 89, www.utnehotel.no. Gemütliches, stilvolles altes Hotel.

14 Voss

Zwischen Hardanger und Sognefjord.

Die lebhafte Kleinstadt am schönen Vangsvatn ist ein guter Ausgangspunkt für Ausflüge in die Berge oder zu den Fjorden. Im Winter zählt Voss zu den viel besuchten Skizentren des Landes. Sehr lohnend ist eine Fahrt mit der **Hangursbanen** zum 660 m hohen *Hangursnolten*, von dem aus man einen herrlichen Blick über See und Berge hat. Im Zentrum ist die gotische Steinkirche **Vangskyrkja** vom Ende des 13. Jh. einen Besuch wert. Ebenfalls auf das 13. Jh. geht der **Finnesloftet** (Mitte Juni–Mitte Aug. tgl. 11–16 Uhr) zurück, ein Gemeinschaftsraum aus schweren Holzbalken, der zum Bauernhof *Finne*, etwa 1 km westlich vom Zentrum, gehört.

Nördlich von Voss liegt schön am Hang das Freilichtmuseum **Mølstertunet** (Mitte Mai–Mitte Sept. tgl. 10–17, sonst Mo–Fr 10–15, So 12–15 Uhr), eine große Hofanlage aus dem 16.–19. Jh.

Ausflüge

›Norwegen in Miniatur‹ wird eine der beliebtesten Rundfahrten durch die herrliche Landschaft Westnorwegens genannt. Die Tagestour beginnt per Bus in Voss und führt zunächst durch das wilde, enge *Nærøydal* nach **Gudvangen**. Dort nimmt man die Fähre durch den schmalen Nærøyfjord [Nr. 15] nach **Flåm** am Aurlandsfjord. Dann geht es mit der berühmten *Flåmbahn* (www.flaamsbana.no) 20 km in die Berge, vorbei an Wiesen, Wasserfällen und schneebedeckten Gipfeln nach **Myrdal**, dem Umsteigepunkt in die *Bergenbahn*, die nach Voss zurückfährt.

Eine sehr schöne, wenn auch anstrengende *Fahrradtour* (Fahrradvermietung in Voss) führt auf dem alten **Rallarvegen**, der für den Bau der Eisenbahn angelegt wurde, von *Ustaoset* oder *Haugastøl* über *Finse* (40 km) hinunter nach Flåm am Sognefjord (65 km) – eine landschaftlich fantastische Strecke von der Hardangervidda bis ans Meer. Mit der Flåmbahn geht es dann wieder hinauf nach *Upsete* und per Rad zurück nach Voss (45 km).

ℹ️ Praktische Hinweise

Information: Turistkontor, Uttrågt, Voss, Tel. 56 52 08 00, Fax 56 52 08 01, www.visitvoss.no

Hotel

Fleischer's Hotel, Evangervegen 13, Voss, Tel. 56 52 05 00, Fax 56 52 05 01, www.fletschers.no. Traditionsreiches altes Hotel neben dem Bahnhof. Im Sommer lockt das große Lunchbuffet.

15 Sognefjord

Der König der heimischen Fjorde.

Vik – Vangsnes – Gudvangen –
Flåm – Lærdal – Stabkirke Borgund –
Kaupanger – Stabkirke Urnes –
Jostedalsbreen – Balestrand

Norwegens längster, bis 1308 m tiefer, in Seitenarme sich verästelnder Fjord schneidet rund 200 km ins Land ein. Landschaftlich zählt der **Sognefjord** mit seinem ruhigen Wasser, den unzähligen Obstbäumen, den Wiesen und Wäldern an steilen Ufern zu den schönsten Regionen überhaupt. Das milde Klima, die malerischen Orte vor schneebedeckten Bergen, die Farbenvielfalt und Ruhe machen den besonderen Charme aus, der schon Anfang des 20. Jh. Künstler und gekrönte Häupter angezogen hat. Die vielen romantisch gelegenen *Stabkirchen* und das zauberhafte Farbenspiel zur *Obstbaumblüte* im Mai/Juni machen den Sognefjord zu einem der beliebtesten Reiseziele Norwegens.

Von Voss kommend erreicht man den Sognefjord auf der kürzesten Strecke nordwärts bei **Vik**. Ein Bummel durch das alte, heute unter Denkmalschutz stehende und hübsch restaurierte Strandviertel *Viksøyri* lässt kaum noch ahnen, wie bescheiden die zumeist armen Tagelöhner, Handwerker und Händler hier im 19. Jh. lebten. Etwas außerhalb liegt die malerische **Stabkirke Hopperstad** (Mitte Mai–Mitte Sept. tgl. 10–17 Uhr, Mitte Juni–Mitte Aug. tgl. 9–19 Uhr) von 1130, die mit ihren *Drachenköpfen*, dem Svalgang (Umgang) und dem verzierten Westportal sehr urtümlich wirkt. Im *Inneren* sind die

Geschmackssache Gamalost

In Vik wird der berühmt-berüchtigte Gamalost hergestellt, zu deutsch ›alter Käse‹, der schon um das Jahr 1000 in einer Sage erwähnt ist. Der magere, ungesalzene und sehr gesunde **Käse** bedarf allerdings für mitteleuropäische Geschmacksnerven gewisser Gewöhnung. In frischem Zustand ist er hell und mild. Intensiver wird sein Geschmack nach ein- bis zweiwöchiger Aufbewahrung im Kühlschrank. Man schneidet ihn in dünne Scheiben und serviert ihn auf frischem Brot mit Butter, etwas Sauerrahm und Preiselbeeren.

klare Konstruktion aus 16 Masten mit Würfelkapitellen und Andreaskreuzen und das reich verzierte Altarziborium aus der ersten Hälfte des 14. Jh. bemerkenswert.

Im Fährort **Vangsnes**, von wo man nach Hella und Balestrand übersetzen kann, thront der isländische Sagaheld *Fridtjov* imposant auf einem Granitsockel: ein Geschenk des deutschen Kaisers Wilhelm II., der gern im hiesigen Fjordgebiet Urlaub machte.

Den kleinen Fährort **Gudvangen** am Ende des schmalen Nærøyfjord erreicht man auf einer schönen Strecke durch die wilde Schlucht *Stalheimskleivi*. Während die neue Straße unspektakulär durch Tunnels geleitet wurde, bietet die alte Wegführung aus dem 19. Jh. mit 13 Haarnadelkurven und einer maximalen Steigung von 20 % ein Paradestück damaliger Straßenbaukunst (der Ausschilderung Stalheim folgen). Vom *Stalheim Turisthotel* (Tel. 56 52 01 22, Fax 56 52 00 56, www.stalheim.com) hat man einen wunderbaren Blick über die faszinierende Fjordlandschaft. In Gudvangen selbst lohnt unbedingt eine Fjordfahrt mit dem Personenboot in den benachbarten *Aurlandsfjord*, an dem die hübschen Orte Aurland und Flåm zwischen 1000 m hohen Bergen liegen. **Flåm** ist Endstation der berühmten *Flåmbahn* [s. S. 61], einer Bergbahn, die auf das 865 m hohe Fjell führt und Anschluss an die Bergenbahn (Oslo-Bergen) ermöglicht.

Durch den neuen, bislang längsten Straßentunnel der Welt (24,5 km) erreicht man das Städtchen **Lærdal** an der Mündung des lachsreichen Lærdalselv in den Sognefjord. Im **Norsk Villakssenter** (Mai tgl. 10–18 Uhr, Juni/Aug. tgl. 10–19 Uhr, Juli tgl. 10–22 Uhr, Sept. tgl. 11–17 Uhr) am Fluss erfährt man Interessantes über den Edelfisch. Das gemütliche historische Zentrum *Gamle Øyri* wartet mit Wohnhäusern und Werkstätten aus dem 18. und 19. Jh. auf.

Nicht versäumen sollte man einen Ausflug zur **Stabkirke Borgund** (Mitte Juni–Mitte Aug. tgl. 8–20 Uhr, Mai–Mitte Juni und Mitte Aug.–Sept. tgl. 10–17 Uhr) 27 km flussaufwärts, der berühmtesten und besterhaltenen aller norwegischen Stabkirchen. Das hölzerne Gotteshaus mit schindelgedeckten, tief heruntergezogenen *Dächern* in sechs Etagen, Kreuzen und in den Himmel zügelnden *Drachenköpfen*, dem mit Säulen

Kreuzfahrt einmal anders: Hier gibt es weder Palmen noch Exotik, aber die Majestät der Fjorde als unvergessliches Erlebnis einer Schiffsreise ist längst kein Geheimtipp mehr

verzierten Svalgang und dem frei stehenden *Glockenturm* ist beeindruckend. Es ist dem hl. Andreas geweiht und geht auf das Ende des 12. Jh. zurück. Das reich geschnitzte *Westportal* führt in den schlichten Innenraum mit zwölf Masten, die zum Teil mit *Fratzen* verziert sind. Ein *Besucherzentrum* informiert über die Geschichte der Stabkirchen in Norwegen.

Eingebettet in viel Wald am inneren Sognefjord liegt **Kaupanger**. Die *Stabkirche* (Anf. Juni–Mitte Aug. 9.30–17.30 Uhr) am Ortsrand aus dem 12. Jh. wurde im 17. Jh. komplett verändert. Am Ufer befindet sich das *Sogn Fjordmuseum* mit einer großen Bootssammlung (Juni–Aug. tgl. 10–17 Uhr).

Über das Geschäfts- und Schulzentrum *Sogndal* erreicht man den pittoresken Ort **Solvorn** am Lustrafjord. In der Nähe des Hotels *Walaker* legt die kleine Fähre ab zu Norwegens ältester **Stabkirke Urnes** (Juni–Aug. tgl. 10.30–17.30 Uhr) von 1150 mit ihrem eigenartig geschnitzten, aus einer früheren Kirche stammenden Nordportal.

TOP TIPP

Ein interessanter Ausflug führt in die Gletscherwelt des **Jostedalsbreen**, Norwegens größtem Gletscher, der seine eisblauen Zungen in alle Himmelsrichtun-

Stabkirche Urnes: Die Meisterschaft der Baumeister offenbart sich im Innern

*Heidnische Mystik: geschnitzter Drachen-
kopf der Stabkirche von Hopperstad*

Pagoden des Nordens

Die romantischen Holzkirchen zeugen
von der Begegnung der altnorwe-
gischen mit der kontinental-europä-
ischen Kultur, die Norwegen vor rund
1000 Jahren im Zuge der Christianisierung erreichte. Wer vor einem dieser
fremdartig anmutenden Gotteshäuser
steht, ist beeindruckt von dem archi-
tektonischen Können der damaligen
Baumeister, deren Werke noch nach
Jahrhunderten Stürmen, Schneemas-
sen und Regenschauern trotzen.

Holzschnitzereien schmücken die
Türen und Portale von der Schwelle bis
zum Säulenpaar. Tierornamente wei-
sen auf das Erbe der Wikinger hin, später kamen Pflanzen, Ranken und Blätter
hinzu, Elemente europäischer Kunst.

Von über 1000 Holzkirchen, die im
Mittelalter existierten, sind heute noch
knapp 30 aus dem 12./13. Jh. zu sehen:
im Landesinneren, an Fjordufern, auf einem Hügel oder in einem der großen
Freilichtmuseen in Oslo und Lillehammer. Die charakteristischen Wände aus

vertikal angeordnetem Pfostenwerk
(Stäbe) gaben den Gotteshäusern ihren
Namen. Die Bauweise hat wenig mit
dem kontinentalen Steinbau gemein-
sam, sondern erinnert an die der Wikingerschiffe.

Durch kleine runde Luken unter dem
Dach fällt Licht in den Innenraum. Die
Ausstattung war ursprünglich sehr bescheiden: Bänke standen nur entlang
der Wände, die Pfosten sind zum Teil
mit Kapitellen geschmückt, ähnlich
den Pfeiler- und Säulenkapitellen in ro-
manischen Steinkirchen. Die steil ge-
staffelten, oft mit fernöstlichen Pagoden verglichenen und mit Schindeln
gedeckten **Dächer** waren zum Schutz
vor Wind und Wetter geteert, ein halb-
offener **Umgang** (Svalgang), in dem die
Waffen abgelegt wurden, umgab die
meisten Stabkirchen. Bevölkerungszu-
nahme und die Einbauten von Kirchen-
gestühl machten später Erweiterungen
notwendig, wobei auch moderne Fenster eingesetzt wurden.

Im Laufe der Jahrhunderte brannten
viele Kirchen nieder, wurden abgeris-
sen oder verrotteten, bis der norwegische Maler **J. C. Dahl** 1826 die Aufmerksamkeit der Öffentlichkeit auf diese für
Norwegen typischen Kleinodien lenkte.
Heute sind sie als fest eingeplantes Ziel
auf der Reiseroute nicht mehr wegzu-
denken: Die imposanteste Stabkirche
ist die **Heddal Kirke** [s. S. 34] in Telemark, die vielleicht schönste **Borgund**
[s. S. 62] am Sognefjord und die älteste
Urnes, ebenfalls am Sognefjord.

In den Sommermonaten sind die
meisten Stabkirchen für Besucher geöffnet, die Eintrittsgebühr wird zur Restaurierung und **Erhaltung** verwendet.
Allein die Teerung des Daches kostet
ca. 150 000 Kronen und muss mindestens alle vier Jahre erneuert werden!

gen streckt. Sehr beeindruckend und gut
erreichbar ist die Eisfläche des **Nigardsbreen** am Ende des Jostedals. Dort informiert das *Breheimcenter Jostedalen* (Mai
und Sept. tgl. 10–17 Uhr, Mitte Juni– Mitte
Aug. tgl. 9–19 Uhr), architektonisch auffal-
lend wie eine Gletscherspalte entworfen,
durch Ausstellungen, eine Diashow und
interaktive Computerprogramme über
den Jostedalsbreen Nationalpark [s. S.
66]. Es werden auch geführte Gletschertouren angeboten.

Sehr bequem erreicht man die Gletscherzunge *Bøyabreen* von dem schön
gelegenen Fjorddorf **Fjærland** aus am
Ende des gleichnamigen Fjords. Der
Bøyabreen bewegt sich bis zu 2 m pro
Tag und ist einer der ›schnellsten‹ Gletscher in Norwegen. Seine breite und kurze Form lässt ihn relativ rasch auf Klima-
veränderungen reagieren. Das ausgezeichnete *Norsk Bremuseum* (Juni–Aug.
tgl. 9–19 Uhr, April/Mai, Sept./Okt. tgl. 10–
16 Uhr, www.bre.museum.no) ist dem

Jostedalsbreen und seinen Geheimnissen gewidmet. Es bietet u. a. ›Physik zum Anfassen‹ und zeigt einen Panoramafilm von Ivo Caprino.

Für Bücherfreunde ist **Bokbyen** (Mai–Sept. tgl. 10–18 Uhr), die ›Bücherstadt‹ in Fjærland eine wahre Fundgrube. In mehreren Holzgebäuden am Ufer bieten Antiquariate Bücher ›über Gott und die Welt‹ an. Neben norwegischen finden sich auch deutsche und englische Titel.

Balestrand am Sognefjord mit seinen hübsch verzierten Villen und Hotels im Schweizer Stil aus dem Ende des 19. Jh. war schon ein Lieblingsziel des deutschen Kaisers Wilhelm II. Die traumhafte Lage des Ortes am Schnittpunkt mehrerer Fjorde, in denen sich vergletscherte Gipfel spiegeln und regelmäßig elegante Kreuzfahrtschiffe ankern, zieht seit langem nicht nur viele Touristen, sondern auch Künstler und Kunsthändler an. Einen Besuch wert sind das *Sognefjord Akvarium* (Juli–Mitte Aug. tgl. 9–22, sonst 10–16.30, im Winter geschl.) und das *Fremdenverkehrsmuseum* (Juni–Aug. tgl. 10–20, Mai/Sept. tgl. 10–16 Uhr).

ℹ Praktische Hinweise

Information: Sognefjord Reiseliv, Balestrand, Tel. 57 69 12 55, Fax 57 69 14 31, www.sognefjord.no

Hotels

Kvikne's Hotel Balholm, Balestrand, Tel. 57 69 42 00, Fax 57 69 42 01, www.kviknes.no.

Das große traditionsreiche Hotel in wunderschöner Lage direkt am Fjord wurde 1877 im Schweizer Stil erbaut. Herrliche Aussicht auf den Fjord genießt man vom Speisesaal.

Mundal, Fjærland, Tel. 57 69 31 01, Fax 57 69 31 79, www.hotelmundal.no. Das charmante und stilvolle Hotel liegt ruhig am Ufer des Fjærland Fjord.

Walaker Hotell, Solvorn, Tel. 57 68 20 80, Fax 57 68 20 81, www.walaker.com. Sehr schönes altes Hotel, dessen Tradition bis ins 17. Jh. zurückreicht.

16 Nordfjord

Robuste Fjordpferde bringen Besucher an die schönsten Gletscherzungen.

Olden – Loen – Stryn

Der 106 km lange Nordfjord streckt seine verästelten Seitenarme bis nahe an die Gletscherwelt des Jostedalsbreen. Hier liegen die beiden beliebten Ferienorte Olden und Loen. Vom Fjorddorf **Olden** aus, in dem häufig Kreuzfahrtschiffe anlegen, kann man die mächtige Gletscherzunge **Briksdalsbreen** aus nächster Nähe erleben. Die Fahrt durch das 20 km lange malerische *Oldedal* am Oldevatn entlang endet bei der *Briksdalsbre Fjellstove*, von der aus man in etwa einer Stunde den Gletscher zu Fuß oder mit einer von Fjordpferden gezogenen Kutsche erreicht. Hier findet sich eines der beliebtes-

Im prächtigen Kvikne's Hotel Balholm war schon Kaiser Wilhelm II. zu Gast

In der Dämmerung wagen sie sich oft bis an die Straße: Elchmutter mit Kind

ten Fotomotive Norwegens: der tosende **Kleivafoss** mit Pferdekutsche auf der Brücke und dem Gletscher im Hintergrund. Festes Schuhwerk ist ratsam, da die letzten 500 m bis ans ewige Eis nur zu Fuß zurückgelegt werden können.

Die Gletscherzunge schob sich in den letzten Jahren aufgrund der großen Niederschlagsmengen im Winter ungewöhnlich schnell vorwärts (1994 um ganze 100 m). Ein spannendes Erlebnis bildet eine geführte Gletscherwanderung auf dem ›blauen Eis‹. Es werden auch kürzere Touren, z. B. für Familien, angeboten (Information bei Olden Aktiv, Tel. 57 87 38 88, Fax 57 87 59 61, www.briksdalsbreen.com).

Landschaftlich ganz ähnlich ist das benachbarte *Lodal*, das man von den reizend zwischen Fjord und Bergen gelegenen Ferienort **Loen** aus erreicht. Die Straße führt unter dem 1848 m hohen Hausberg *Skåla* am grünen Lovatn entlang zum *Kjenndalstova Café und Restaurant* und weiter zur Gletscherzunge **Kjenndalsbreen**. Schöner ist die Fahrt von *Sande* aus mit dem Personenboot über den See. – Drei schwere Katastrophen erlebte das Lodal in der 1. Hälfte des 20. Jh., als Bergabbrüche am Ramnefjell enorme Flutwellen im See auslösten und über 100 Menschen das Leben kosteten.

Über das lebhafte Städtchen **Stryn** am Nordfjord, wo es gute Einkaufsmöglichkeiten gibt, erreicht man die RV 15 Richtung Grotli und Strynfjell, auf dem noch *Wildrentiere* leben. Am Weg liegt die Siedlung *Oppstryn* am Strynsvatn mit dem **Jostedalsbreen Nasjonalparksenter** (Mitte Juni–Mitte Aug. 9–18 Uhr, Mai–Mitte Juni, Mitte Aug.–Sept. tgl. 9–16 Uhr, sonst auf Anfrage, www.jostedalsbre.no), einem Informationszentrum mit einer Ausstellung über den Gletscher, Flora und Fauna sowie Geologie. Die Mitarbeiter vermitteln u. a. geführte Gletscherwanderungen.

ℹ️ Praktische Hinweise

Information: Destination Stryn e Nordfjord, Stryn, Tel. 57 87 40 40, Fax 57 87 40 41, www.nordfjord.no

Eisigkalt und gewaltig: Im Angesicht der Gletscherzunge des Nigardsbreen werden die menschlichen Dimensionen mehr als relativ

Da kann ihm kein Model das Wasser reichen: Der von Schneegipfeln gesäumte Geirangerfjord steht in der Rangliste der Fotomotive ganz oben

Hotels

Alexandra, Loen, Tel. 57 87 50 00, Fax 57 87 50 51, www.alexandra.no. Sehr schön am Eingang ins Lodal gelegenes Komforthotel mit Restaurant.

Stryn Hotel, Visnesvegen 1, Stryn, Tel. 57 87 07 00, Fax 57 87 07 01, www.strynhotel.no. Hotel mit Restaurant und Garten im Zentrum.

17 Über Geiranger nach Åndalsnes

Fjord und Fjell auf der ›Goldenen Route‹.

Djupvatnet – Dalsnibba – Geirangerfjord – Geiranger – Trollstigvegen – Åndalsnes

Von der West-Ost-Verbindung Nordfjord [Nr. 16] – Gudbrandsdal [Nr. 22] zweigt auf dem kargen Strynfjell (Sommerskigebiet) die Straße RV 63 zum Geirangerfjord ab, die ihren höchsten Punkt am **Djupvatnet** erreicht. Hier auf 1038 m Höhe weht selbst im Hochsommer ein schneidender Wind, treiben kleine Eisschollen auf dem See und blinken blau-graue Dauerschneefelder in der Sonne.

Bei klarem Wetter sollte man den Abstecher auf den **Dalsnibba** (1495 m) nicht versäumen. Eine mautpflichtige, auch mit Wohnmobilen befahrbare Straße führt auf das Aussichtsplateau, von dem aus man einen hinreißenden Blick über den schmalen, von steilen Felswänden begrenzten Geirangerfjord und die Gebirgs- und Gletscherwelt hat.

Der **Geirangerfjord**, innerster Abschnitt des weit verzweigten Storfjords, zählt zu den meistbesuchten Reisezielen in Norwegen. Jeden Sommer kann man mehr als 100 Kreuzfahrtschiffe auf dem malerischen Gewässer beobachten. Über viele Haarnadelkurven fährt man durch eine grandiose Landschaft vom Fjell hinunter zum Fjord und erreicht schließlich kurz vor **Geiranger** den beliebten Aussichtspunkt *Flydalsjuvet*. Der hübsch gelegene Ort am Ende des sonst quasi unbesiedelten Fjords besteht weitgehend aus Hotels. Wer hier länger Station machen möchte, findet gute Wandermöglichkeiten, etwa zu idyllisch gelegenen Fjordhöfen wie dem *Skageflå-Hof*.

TOP TIPP Unbedingt einplanen sollte man eine Bootsfahrt durch den **Geirangerfjord** mit dem Sightseeingboot oder, schöner noch, mit der Autofähre nach Hellesylt, vorbei an den berühmten *Wasserfällen* ›Brautschleier‹ und ›Die Sieben Schwestern‹ und alten, unerreichbar scheinenden *Fjordbauernhöfen*. Der letz-

te Hof wurde tatsächlich bis Anfang der 60er-Jahre des 20. Jh. bewirtschaftet. Wer mit dem Auto übersetzen möchte, muss im Sommer mit langen Wartezeiten rechnen. Faszinierend ist auch ein *Rundflug* mit dem Wasserflugzeug über den Geiranger- und Nordfjord und die Gletscherzungen des Jostedalsbreen.

Man verlässt Geiranger über den *Ørnevegen* (Adlerweg), eine kühn angelegte Haarnadelstraße auf der Nordseite Richtung Eidsdal, wo man über den Norddalsfjord nach Linge übersetzt.

Sehr abwechslungsreich verläuft die weitere Strecke (RV 63) zum Trollstigve-

Ein unvergesslicher Anblick: die Majestät der Bergwelt rund um den Geirangerfjord liegt Wanderern vom 1495 m hohen Aussichtsberg Dalsnibba zu Füßen

Unwiderstehlich, nicht nur für Sportfreaks: Rund um Åndalsnes erstrecken sich schöne Wander- und Klettergebiete aller Schwierigkeitsgrade

gen nach Åndalsnes. Ein Zwischenstopp lohnt beim **Gudbrandsjuvet**, wo sich der Fluss eindrucksvoll durch eine enge Schlucht zwängt.

Der **Trollstigvegen** ist eine spektakuläre Bergstraße in einer wilden Gebirgslandschaft. In den 1930er-Jahren in elf engen Serpentinen in den Fels gesprengt, überwindet sie mit 12 % Steigung 852 m Höhenunterschied (Wintersperre bis Mai). Bei der *Trollstigen Fjellstue*, wo es auch eine kleine Ausstellung über den Bau der Straße zu sehen gibt, hat man einen herrlichen Blick hinunter ins Istertal und auf die umliegenden Gipfel der Trolltindene, deren Rückseite in der grandiosen **Trollwand** über 1000 m senkrecht abfällt. Sommer wie Winter ist die Trollwand eine der weltweit größten Herausforderungen für Kletterer. In die Schlagzeilen kam sie in den 1980er-Jahren durch tollkühne Fallschirmspringer, die sich von der Oberkante in die Tiefe stürzten. Nach tödlichen Unfällen wurde das Fallschirmspringen von der Trollwand 1986 jedoch verboten. Gut sehen kann man die Wand von der Straße E 136 durchs Romsdal (großer Parkplatz).

Zurück auf der Straße RV 63 geht es weiter Richtung Åndalsnes über zahlreiche Haarnadelkurven des Trollstigvegen, die immer wieder den Blick freigeben auf grandiose tosende Wasserfälle wie **Stigfossen** und *Tverrdalsfossen*. Der schmale Saumpfad *Kløvstien* am Stigfossen entlang war jahrhundertelang eine wichtige Verbindung u. a. für die Viehhändler zwischen der Sunnmøre-Region und dem Romsdal. Heute ist der alte Weg wieder hergestellt und als Wanderroute ausgeschildert.

Åndalsnes ist das Zentrum der Gemeinde Rauma und Endstation der *Raumabahn*, die durch das reizvolle Romsdal fährt. Der Ort wurde nach Zerstörungen im Zweiten Weltkrieg modern aufgebaut; nach wie vor ist seine Lage an der Mündung der Rauma in den Romsdalsfjord vor schneebedeckten spitzen Gipfeln wunderschön. Besonders für Angler, Bergsteiger und Kletterer bietet die Gegend vielfältige Möglichkeiten. Sehr beliebt sind der steil aufragende Hausberg Romsdalshorn (1550 m) und das Dreigestirn *Kongen, Dronningen* und *Bispen* (König, Dame und Bischof) im Istertal. Das sehenswerte, kleine **Norsk Tindemuseum** (20. Juni–20. Aug. tgl. 13–17 Uhr), das Norwegische Gipfelmuseum, etwa 2 km südlich vom Zentrum, wurde von dem passionierten Bergsteiger Arne Randers Heen gegründet.

ℹ️ Praktische Hinweise

Information: Geiranger Turistkontor, Geiranger, Tel. 70 26 30 99, Fax 70 26 31 41, www.geiranger.no (Sommerfiliale). – Reiselivskontoret, Stranda, Tel. 70 26 14 50, Fax 70 26 07 14 (ganzjährige Informationsstelle)

Hotel

Geiranger Hotel, Geiranger,
Tel. 70 26 30 05, Fax 70 26 31 70. Großes
Hotel im Zentrum mit mehreren Restaurants, Bars und schönem Fjordblick.

18 Von Ålesund über Molde nach Kristiansund

Von der Jugendstilstadt über ›die Rosenstadt‹ ins ›Venedig Norwegens‹.

Die auf drei Inseln liegende Hafenstadt **Ålesund** wurde nach dem großen Brand von 1904 in vom Jugendstil geprägter Architektur aus Stein wieder aufgebaut. Den besten Überblick über die Stadt im Meer und die vorgelagerten Schären hat man vom Aussichtshügel **Aksla**, den man über 418 Treppenstufen zu Fuß oder bequemer mit dem Auto erreicht. Zur Einkehr verlockt oben das Panoramarestaurant Fjellstua.

Einen Überblick über die Stadtgeschichte gibt das **Ålesunds Museum** (Mo–Sa 11–15, So 12–15 Uhr) in der R. Rønnebergsgate 16. Westlich beginnt das **Jugendstilviertel**, das anstelle von 800 abgebrannten Holzhäusern entstand. Hübsche Ornamente kann man an verschiedenen Gebäuden u. a. in der *Kongensgate* entdecken. Ein Prachtexemplar ist die *Svaneapoteket* von 1907 in der Apotekergata 16 auf der gegenüberliegenden Sei-

te des Brosundet. In der ehem. Apotheke wurde 2003 das **Jugendstilsenteret** (Juni–Aug. Mo–Fr 10–19, Sa 10–17, So 12–17 Uhr, Sept.– Mai Di–Fr 11–17, Sa 11–16, So 12–16 Uhr) eröffnet, das mit einer Kollektion norwegischen Jugendstildesigns, authentischen Interieurs und mit Multimedia-Programmen aufwartet.

Im **Atlanterhavsparken** (Juni–Aug. So–Fr 10–19, Sa 10–16 Uhr, sonst Di–So 11–16 Uhr), 3 km westlich vom Zentrum, kann man die Lebewesen des Atlantiks in großen Meerwasseraquarien beobachten.

Etwa 4 km östlich vom Zentrum liegt das interessante, aus mehreren Abteilungen bestehende **Sunnmøre Museum** (Juni–Aug. Mo–Sa 11–17, So 12–17 Uhr, Sept. Mo–Fr 11–15, So 12–17, sonst Mo/Di und Fr 11–15, So 12–16 Uhr) bei der mittelalterlichen Siedlung *Borgundkaupangen*, die einst eines der größten Handelszentren der Region war. Einen Einblick in den Alltag damaliger Zeit vermittelt das *Mittelaltermuseum*, ferner können ein *Freilichtmuseum* und eine Bootsausstellung mit alten Fischerbooten und rekonstruierten *Wikingerschiffen* besichtigt werden.

Ein besonderes Naturerlebnis verspricht der beliebte Ausflug zur Vogelinsel **Runde** südwestlich von Ålesund. Das unter Naturschutz stehende Eiland erhebt sich rund 300 m senkrecht aus dem Meer und bietet Tausenden *Seevögeln* ideale Brutbedingungen, wenngleich sich auch hier Über-

Moderne Ausrüstung: Ålesund hat eine der größten Fischereiflotten des Landes

Die Jugendstilstadt im Überblick: Vom Aussichtshügel Aksla zeigt sich das auf drei Inseln liegende Ålesund als beeindruckendes Panorama

fischung und Umweltverschmutzung negativ auf den Bestand auswirken. Beschilderte Wege führen zu *Beobachtungspunkten*, wo man Papageientauchern, Dreizehenmöwen, Trottellummen, Tordalken und Basstölpeln bei ihrem Brutgeschäft zuschauen kann, ohne die Tiere zu stören. Sehr schön ist auch eine **Bootsfahrt** entlang der Nistklippen, auf der man viel Interessantes über das Leben der Seevögel erfährt (Fernglas nicht vergessen). Eine Brücke verbindet die Insel, auf der es Übernachtungsmöglichkeiten gibt, mit dem Festland.

Über die Straßen E 136 und E 39 erreicht man mit einer Fährüberfahrt **Molde**. Die schöne Lage am Romsdalsfjord mit Blick auf die spitzen Gipfel der Romsdaler Berge machen den Reiz des Ortes aus. Das milde Klima lässt eine üppige Vegetation gedeihen, u. a. duftende Rosen, die Molde den Beinamen ›Stadt der Rosen‹ einbrachten. Weit über die Landesgrenzen hinausreichende Bekanntheit genießt Molde bei Musikfreunden, die jährlich Ende Juli zum *Internationalen Jazzfestival* in reicher Zahl die Straßen bevölkern.

Eine besondere Attraktion ist die Atlantikstraße **Atlanterhavsvegen** RV 64 von Molde nach Kristiansund: eine faszinierende Strecke, die in eleganten Kurven von Insel zu Insel durch das offene Meer zu fließen scheint. **Kristiansund**, das ›Venedig des Nordens‹, erstreckt sich über mehrere, durch Brücken verbundene Inseln. Für Fußgänger pendelt seit 1876 das Schiff *Sundbåt* von einem Ufer zum anderen und spart weite Wege über die Brücken.

Ihren Namen verdankt die Stadt dem dänischen König Christian VI., der ihr im Jahr 1742 Stadtrechte verlieh. Fischfang und Export von Trockenfisch waren viele Jahrzehnte die Lebensgrundlage Kristiansunds. Den Bombardements im April 1940 fielen die alten Holzhäuser im Zentrum zum Opfer, die nach dem Krieg durch moderne Bauten ersetzt wurden. Heute ist Kristiansund das Erdölzentrum Mittelnorwegens für den Bohrbetrieb auf der Haltenbank.

Sehenswert ist die ungewöhnlich gestaltete moderne **Kirkelandet Kirke** (Mai–Aug. tgl. 10–19 Uhr, sonst 10–14 Uhr) von 1964, deren 30 m hohe Chorwand eine interessante Komposition aus 345 farbigen Glasfenstern darstellt. Nordwestlich der Kirche erhebt sich der alte, 78 m hohe Wachtturm **Vardetårnet** mit Aussicht über Stadt und Hafeneinfahrt bis zur gegenüberliegenden Insel Grip.

Wer sich für archäologische Funde aus der Steinzeit oder für Wohnkultur vergangener Tage interessiert, sollte das *Nordmøre Museum*, Abteilung Folkeparken (Di –Fr 10–14 Uhr) besuchen. In der *Hjelkrembrygga* (nach Absprache, Tel. 71 58 30 14), dem alten Klippfischlagerhaus von 1835, kann man historische und neue Fotografien des Vågen sehen.

Ein sehr beliebter Ausflug führt zur Inselgruppe **Grip** etwa 14 km nördlich im Atlantik. Der Archipel besteht aus rund 80 Inseln und Schären, aber nur eine der Inseln ist heute noch im Sommer bewohnt. Einfache Fischerhäuser gruppieren sich dort um eine Stabkirche aus dem 15. Jh., deren hübscher Altarschrein 1515 gefertigt wurde.

ℹ **Praktische Hinweise**

Information: Destination Ålesund & Sunnmøre, Skateflukaia, Ålesund, Tel. 70 15 76 00, Fax 70 15 76 01, www.visitalesund.com. – Turistkontor, Kongens plass 1, Kristiansund, Tel. 71 58 54 54, Fax 71 58 54 55, www.kristiansund.kommune.no

Hotels

Comfort Home Hotel Bryggen, Apotekergata 1–3, Ålesund, Tel. 70 12 64 00, Fax 70 12 11 80, www.choice.no. Zentral gelegenes Hotel in den schön restaurierten Speicherhäusern direkt am Wasser.

Comfort Hotel Fosna, Hauggata 16, Kristiansund, Tel. 71 67 40 11, Fax 71 67 76 59, www.choice.no. Freundliches Mittelklassehotel.

Quality Hotel Grand, Bernstorffstredet 1, Kristiansund, Tel. 71 57 13 00, Fax 71 57 13 01, www.choice.no. Großes Hotel mit Restaurant in der Innenstadt.

Restaurant

Sjøbua, Brunholmgata 1, Ålesund, Tel. 70 12 71 00. Sehr gutes Fischrestaurant in einem alten Haus direkt am Kai.

19 Trondheim *Plan Seite 74*

Die historische Hauptstadt, Krönungsstadt der Könige und Bischofssitz.

Norwegens drittgrößte Stadt liegt an der Mündung des Nidelv in den Trondheimsfjord und feierte 1997 ihr 1000-jähriges Jubiläum. Mit der zweitgrößten Universität des Landes, Forschungseinrichtungen, interessanten Museen und einer lebhaften Einkaufszone ist Trondheim trotz seiner Historie eine moderne Stadt.

Geschichte Trondheim wurde unter dem Namen *Nidaros* um 997 von *Olav Tryggvason* gegründet, der an dem Handelsplatz der Wikinger eine Kirche und den Königshof Nidarnes errichten ließ und die Christianisierung mit zum Teil großer Härte durchführte. Nach seinem Tod brachen Machtkämpfe unter den Wikinger-Häuptlingen aus, die erst *Olav Haraldsson*, bekannter als Olav der Heilige, beendete. An seinem Grab sollen sich Wunder ereignet haben, die dem Ort einen regen Zulauf an Pilgern, Händlern und Handwerkern brachten. Seit 1152 Sitz eines Erzbischofs, vergrößerte die Stadt ihre Machtposition in Norwegen. Sie wurde zu Beginn des 13. Jh. **Krönungsstadt** und wichtigste Residenz der mittelalterlichen Könige.

Im Spätmittelalter (1350–1536) folgte der *Niedergang* Trondheims. Pestepidemien rafften zwei Drittel der Bevölkerung dahin, Höfe wurden nicht mehr bewirtschaftet, Kirchen und Klöster verfielen. Das Stadtgebiet schrumpfte in dieser Zeit auf einen schmalen Bereich am Flussufer zusammen.

Die Einführung der *Reformation* 1537 in Norwegen beschleunigte den Machtverlust der Stadt, die direkt und indirekt vom Erzbischöflichen Sitz gelebt hatte. Doch blieb Trondheim ein **Handelszentrum** mit einer wohlhabenden Bürgerschaft, die vom Fisch- und Holzhandel sowie dem Zulieferbetrieb für die Kupferbergwerke in Røros und Løkken lebte. In den folgenden 230 Jahren wuchs die Bevölkerungszahl auf 7500 Einwohner an.

Einen jähen Einschnitt brachte der Brand 1681, der fast die ganze Stadt in Schutt und Asche legte. Stadtkommandant General *Johan Caspar von Cicignon* ließ das Zentrum im schachbrettartigen Grundriss mit breiten Straßen neu aufbauen, die heute noch die Innenstadt prägen. Aus dieser Zeit stammen auch die Festungen *Kristiansten* und *Munkholmen*. Bis weit ins 18. Jh. hinein besaß Trondheim als einziges Zentrum im Norden Stadtrechte.

Besichtigung Der kleine vom Nidelv umflossene Stadtkern kann bequem zu Fuß besichtigt werden. Nähert man sich

Filigran und imponierend: die üppig skulpturierte Westfassade des Nidarosdoms

Trondheim von Süden, so bietet sich von der *Elgeseter Brücke* ein schöner Blick auf Nordeuropas prächtigstes gotisches Bauwerk, die **Nidaros Domkirke** ❶ (Mai–Mitte Juni. Mo–Fr 9–15, Sa 9–14, So 13–16 Uhr, Mitte Juni–Mitte Aug. Mo–Fr 9–18 Uhr, Sa 9–14, So 13–16 Uhr, Mitte Aug.–Mitte Sept. Mo–Fr 9–15, Sa 9–14, So 13–16 Uhr, Mitte Sept.–April Mo–Fr 12–14.30, Sa 11.30–14, So 13–15 Uhr; Führungen auf Deutsch Mitte Juni–Mitte Aug. dreimal wochentags; Orgelmusik zur Hochsaison Mo–Sa um 13 Uhr). Der berühmte Dom wurde 1070 über den Gebeinen des norwegischen Schutzpatrons Olav Haraldsson, genannt Olav der Heilige, errichtet. Doch diese *erste Steinkirche* musste schon bald einem repräsentativeren Gotteshaus für den Erzbischof weichen. Um 1290 war die *gotische Kathedrale* weitgehend vollendet, wohl in ähnlicher Gestalt wie sie sich heute darbietet. Eine verheerende Feuersbrunst zerstörte 1328 die Kirche, weitere vier Brände folgten. Mit der Reformation, die die Heiligenverehrung verbot, versiegten die Pilgerströme, die rund 500 Jahre lang zur Verehrung Olavs des Heiligen nach Trondheim gekommen waren. Was noch von dem Dom übrig war, wurde 1585 als *Gemeindekirche* in Dienst genommen, mit einer schlanken Kirchturmspitze und im 18. Jh. mit reicher Barockausschmückung versehen. Erst 1869 begannen umfangreiche Restaurierungen, die dem Dom wieder sein mittelalterliches Aussehen gaben.

Von der üppig geschmückten **West-fassade** waren damals nur die beiden unteren Geschosse mit fünf originalen Figuren erhalten. Seit der Wiederherstellung dieser Schauwand ab 1909 zeigen wieder 76 *Skulpturen* bedeutende christliche Persönlichkeiten, norwegische Könige und Bischöfe: die Figur von Olav Tryggvason, dem Gründer Trondheims, steht ganz links in der ersten Reihe, Olav der Heilige füllt die vierte Nische von links in der dritten Reihe.

Im **Inneren** beeindruckt der Dom durch seine Dimensionen von 102 m Länge und 50 m Breite sowie durch das angenehme Licht, das durch die *Glasfenster* von Gabriel Kielland (1907–1934) einfällt. Vielfältig sind die Reminiszenzen an den hl. Olav: Hinter dem Hochaltar illustriert ein *Antemensale* aus dem 14. Jh. die Lebensgeschichte des Heiligen. Im Süden des Oktogons liegt der 12 m tiefe *Olavsbrunnen*, aus dem die Pilger im Mittelalter ›heiliges‹ Wasser erhielten. Der Sage nach begann eine Quelle an der Stelle zu sprudeln, an welcher der König zuerst begraben wurde. Durch die beiden Vertiefungen vor dem Brunnen konnte das Wasser gleich wieder in den Brunnen

zurückfließen. Der *Hochaltar* stammt von 1892, das moderne *Taufbecken* schuf Gustav Vigeland. Die große *Fensterrose*, die 8 m im Durchmesser misst, ist ein Geschenk der norwegischen Frauen von 1930. Vom südlichen Querschiff, dem ältesten Teil der Kirche, erreicht man den Zugang zum **Turm**, von dem man einen schönen Blick über die Stadt genießt.

Unweit vom Nidarosdom befindet sich die ehem. schlichte Residenz des Erzbischofs **Erkebispegården** ❷ aus dem 12./13. Jh. Im Westflügel sind die *Rüstkammer* mit Uniformen und Waffen des norwegischen Heeres seit seiner Gründung 1628 sowie das *Widerstandsmuseum* (Mai–Mitte Aug. Mo–Fr 9–17, Sa 10–14, So 13–16 Uhr, Mitte Aug.–Mitte Sept. Mo–Fr 9–15, Sa 10–14, So 13–16 Uhr) zu besichtigen. Im Südflügel zeigt eine Ausstellung (Mitte Juni–Mitte Aug. Mo–Sa 10–17, So 12–17 Uhr) u. a. die erzbischöfliche *Münzwerkstatt* und *Originalskulpturen* der Kathedrale.

Ein paar Schritte nördlich liegt die Galerie **Trondhjems Kunstforening** ❸ (Juni–Aug. tgl. 10–17, Sept.–Mai Di–Fr 10–16, Sa/So 12–16 Uhr) mit sehenswerten Skulp-

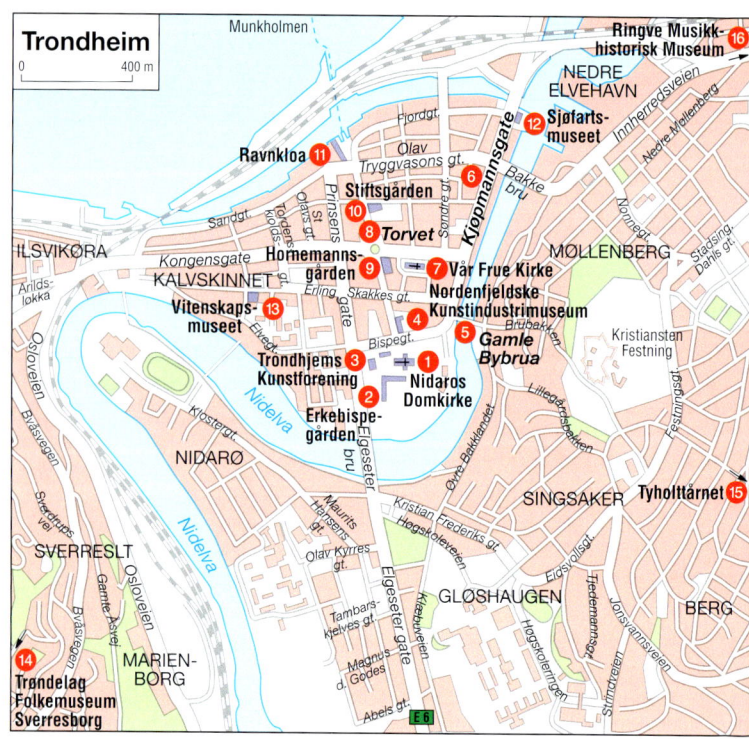

Die alten Speicherhäuser am Nidelv erinnern an die 1000-jährige Geschichte Trondheims: Olav Tryggvason gründete 997 das erste Handelszentrum an dieser Stelle

turen, Gemälden, Zeichnungen und Lithographien des 19. Jh. Es sind aber auch Werke moderner Künstler ausgestellt.

Etwa 200 m entfernt stellt das **Nordenfjeldske Kunstindustrimuseum** ❹ (Juni–Aug. Mo–Sa 10–17, So 12–17 Uhr, sonst Di–Sa 10–15, So 12–16 Uhr) in sehr schönen Räumlichkeiten von 1970 seine Exponate aus – Kunsthandwerk, Mobiliar, Kleidung, Schmuck und Tapisserien sowie eine einzigartige Sammlung der originellen Bildteppiche von Hannah Ryggen (1894–1970).

Über die Bispegate erreicht man die **Gamle Bybrua** ❺ (Alte Stadtbrücke), von der man einen schönen Blick auf die alten Speicherhäuser am Nidelv und die kleine weiße Festung Kristiansten (1676–82) auf dem Hügel Brobakken im Osten hat. In der **Kjøpmannsgate** ❻ am westlichen Flussufer stehen schön restaurierte *Lagerhäuser*, in die Geschäfte, Büros und eine Reihe guter und gemütlicher Restaurants eingezogen sind.

Von ihr zweigt die West-Ost-Achse Kongensgate ab, an der die Liebfrauenkirche **Vår Frue Kirke** ❼ (Mi 11–14.30 Uhr) liegt. Sie stammt aus dem 13. Jh. und wurde im 18. Jh. restauriert. Das barocke *Altarbild* gehörte ursprünglich in den Nidarosdom. Den Kreuzungspunkt von Kongensgate und Munkegate bildet der große **Torvet** ❽, auf dem vormittags ein *Obst- und Gemüsemarkt* stattfindet. Auf der Mitte des Platzes erhebt sich seit 1921 die *Granitsäule* mit der Statue des Stadtgründers Olav Tryggvason, ein Werk des Bildhauers Wilhelm Rasmussen.

Die breite *Munkegate* (Mönchsstraße) verbindet seit Jahrhunderten die Kathedrale mit dem Meer. Im 18. Jh. wetteiferten wohlhabende Bürgerfamilien hier mit dem Bau prestigeträchtiger Holzpaläste wie dem **Hornemannsgården** **9**, 1865–1974 Sitz des Trondheimer Polizeiamtes und heute des *Touristenbüros*. Das größte Holzpalais ist der 1774–78 im Rokokostil erbaute **Stiftsgården** **10** (Juni– 20. Aug. Mo–Sa 10–17, So 12–17 Uhr) in der Munkegate 23, mit dem Geheimrätin Cecilie Christine Schøller den Wettbewerb um das prächtigste Gebäude für sich entschied. Seit 1814 haben alle norwegischen Könige bei ihren Besuchen in Trondheim hier Quartier bezogen.

Die Munkegate endet bei der Fischhalle **Ravnkloa** **11**, in der alle Köstlichkeiten des Meeres, Frisches, Geräuchertes und auch Fischsuppe angeboten werden. Hier legen die Schiffe zur Insel Munkholmen ab, die wie als Verlängerung der Munkegate im Meer liegt.

Die nach Bränden im 19. Jh. stark verbreiterte Fjordgate führt nach rechts zum **Sjøfartsmuseet** **12** (Juni–Aug. tgl. 11–18, Sept.–Mai Mo–Fr 11–15, Sa/So 12–16 Uhr). Das Seefahrtsmuseum zeigt eine kleine, aber feine Sammlung von Segelschiffen, Galionsfiguren u. a. in der alten *Slaveriet*, dem 1725 erbauten Zuchthaus. Im westlichen Bereich des Zentrums lohnt ein Besuch des **Vitenskapsmuseet** **13** (Mai– Mitte Sept. Mo–Fr 9–16 Uhr, Sa/So 11–16 Uhr, sonst Di–Fr 9–16, Sa/So 12–16 Uhr) in

Da läuft einem das Wasser im Munde zusammen: Hummer und andere Delikatessen in der Fischhalle Ravnkloa

der Erling Skakkes gate 47, das *archäologische* Exponate u. a. aus der Wikingerzeit, eine *ethnographische* Sammlung zur Kultur der Südsamen und eine *zoologische* Ausstellung zeigt. Außerdem gibt es eine *Umweltausstellung* zum Pflanzen- und Tierleben Mittelnorwegens zu sehen. Im angegliederten *Vitensenteret* können kleine wie große Besucher mit den ausgestellten Modellen selbst Experimente durchführen.

Über die *Sverresborg allé* erreicht man das **Trøndelag Folkemuseum Sverresborg** **14** (Juni–Aug. tgl. 11–18 Uhr, sonst Mo–Fr 11–15, Sa/So 12–16 Uhr), das in einem schönen Naturpark etwa 60 alte Häuser, auch Bürgerhäuser und einfache Fischerhütten ausstellt. Die nördlichste *Stabkirche* des Landes von Haltdalen (1170) kann hier ebenso besichtigt werden wie die Ruinen der Festung *Sverresborg* von 1182. Das Freilichtgelände umfasst ein Skimuseum, eine alte Druckerei, eine Zahnarztpraxis und verschiedene Werkstätten.

Im Osten der Altstadt sind zwei Ziele interessant: der 120 m hohe Aussichtsturm **Tyholttårnet** **15** (Mo–Sa 10.30–23.30, So 12–23.30 Uhr), Trondheims Wahrzeichen mit einem Panorama-Drehrestaurant in 74 m Höhe und das unbedingt sehenswerte **Ringve Musikkhistorisk Museum** **16** (Mitte Mai–Mitte Sept. tgl. 11–15 Uhr, Juli bis 17 Uhr, Mitte Sept.–Mitte Mai nur So 11–15 Uhr) im Stadtteil Lade, 4 km nordöstlich des Zentrums. Norwegens einziges Spezialmuseum für Musikinstrumente ist in dem alten Ringve Gård aus dem 17. Jh. untergebracht, in dem der Seeheld *Peder Wessel Tordenskjold* (1691–1720) seine Kindheit verbrachte. Ein Spaziergang im *Botanischen Garten* des Ringve Gård oder eine Pause im hübschen kleinen *Restaurant* runden diesen Abstecher ab.

Ausflüge

Die kleine Insel **Munkholmen** im Trondheimsfjord gehört zu den beliebtesten Tageszielen. Ursprünglich lag hier ein Benediktinerkloster, das kurz vor der Reformation abbrannte. 1658 wurde eine Festung als *Staatsgefängnis* erbaut, in dem u. a. der dänische Staatsmann *Graf Peder Griffenfeld* 1680–98 einsaß. Im Zweiten Weltkrieg errichteten die Deutschen hier Bunker und militärische Anlagen. Heute kommt man zum Sonnenbaden und Spazierengehen, ein Restaurant ist auch vorhanden (Fährabfahrt ab Ravnkloa Mit-

Ein besonderes Kleinod ist der reich verzierte Kirchenstuhl der Værnes Kirke

te Mai–Aug. tgl. stdl. 10–18 Uhr, bei schönem Wetter pendelt das Boot).

Ein Ausflug nach Norden (ca. 30 km) führt zur alten **Værnes Kirke** (um 1085) nahe dem Flughafen. Die wehrhafte romanische Kirche wurde nie von Bränden zerstört und besitzt im Inneren einen sehenswerten offenen *Dachstuhl*, der auf 40 vollkommen unterschiedlich geschnitzten Dämonen zu ruhen scheint. Das Hauptaugenmerk zieht jedoch der sog. *Værnes Stuhl* (1685) an der Nordseite des Langhauses auf sich, einer der wenigen erhaltenen Kirchenstühle aus dieser Zeit, die an Wohlhabende verkauft oder vermietet wurden, um die Kirche unterhalten zu können.

ℹ️ Praktische Hinweise

Information: Trondheim Aktivum, Munkegata 19, Trondheim, Tel. 73 80 76 60, Fax 73 80 76 70, www.trondheim.com

Hotels

Comfort Home Hotel Bakeriet, Brattørgata 2, Trondheim, Tel. 73 99 10 00, Fax 73 99 10 01, www.choice.no. In dem ruhig und dennoch zentral gelegenen Haus hatte um die Jahrhundertwende Halseths Bakeri, eine der größten Bäckereien des Nordens ihren Sitz.

Radisson SAS Royal Garden Hotel, Kjøpmannsgate 73, Trondheim, Tel. 73 80 30 00, Fax 73 80 30 50, www.radissonsas.com. Großes Hotel mit Blick auf den vorbeifließenden Nidelv.

Rainbow Gildevangen Hotell, Søndre gate 22 B, Trondheim, Tel. 73 87 01 30, Fax 73 52 38 98, www.rainbow-hotels.no. Komfortables Hotel in zentraler Lage, geschmackvoll eingerichtet.

Restaurants

Chablis Brasserie & Bar, Øvre Bakklandet 66, Trondheim, Tel. 73 87 42 50. Gutes Restaurant in schöner neben der Alten Stadtbrücke.

TOP TIPP **Havfruen**, Kjøpmannsgate 7, Trondheim, Tel. 73 87 40 70. Exzellentes Fischrestaurant in einem stimmungsvollen Speicherhaus (Mo–Sa 18–22.30, So geschl.).

Palmehaven, im Britannia Hotel, Dronningensgate 5, Trondheim, Tel. 73 80 08 00. Eine kleine Oase im maurischen Stil, exotische Gewächse, sehr gute Küche.

Ost- und Zentralnorwegen – stille Täler, tiefe Wälder und majestätische Berge

Tiefe Täler, in denen seit Jahrhunderten Menschen siedeln, durchschneiden Zentral- und Ostnorwegen, eine von eiszeitlichen Gletschermassen geformte Landschaft. Die berühmte Europastraße 6, die Oslo mit Trondheim verbindet und weiter bis ans Nordkap führt, durchzieht Norwegen wie eine Wirbelsäule. Sie erschließt bequem den nördlich von Oslo gelegenen Mjøsa-See mit der Olympiastadt **Lillehammer**. Hier beginnt das **Gudbrandsdal**, durch das jahrhundertelang die norwegischen Könige übers Dovrefjell nach Trondheim zogen, um sich im Nidarosdom krönen zu lassen. Östlich vom Gudbrandsdal erstreckt sich das **Østerdal**, dessen ausgedehnte Wälder sich in der breiten Glomma spiegeln. Der Mensch hat hier bald verstanden, sich der Naturschätze zu bedienen: Die Stadt **Røros** entstand durch den Kupferabbau, Elverum durch die Holzwirtschaft. Westlich des Gudbrandsdals liegen das stille **Numedal**, in dem besonders schöne alte Gehöfte und Stabkirchen erhalten sind, und das **Hallingdal**, das gerne von Wanderern und Skiläufern aufgesucht wird, die auf der sich westlich anschließenden **Hardangervidda** traumhafte Wandermöglichkeiten finden. Über das liebliche **Valdres** erreicht man das **Jotunheimen**, ein gewaltiges gletscherreiches Hochgebirge.

20 Østerdal

Himmlische Ruhe und idyllische Natur auf dem Weg zur Kupferstadt.

Kongsvinger – Elverum –
Røros – Femunden

Abseits der Touristenströme liegt das waldreiche **Østerdal** parallel zum bekannteren Gudbrandsdal. Den östlichsten der großen, Richtung Nord-Süd ausgerichteten Talzüge schuf die träge dahinfließende *Glomma*, die hier und da glatt wie ein Spiegel ist. Früher wurde auf Norwegens längstem Fluss Holz geflößt, heute stehen die Fliegenangler hüfttief im Wasser und versuchen ihr Glück. Was der isländische Historiker Snorri Sturluson im 13. Jh. über das Østerdal schrieb, gilt heute fast unverändert: »Die Menschen dort leben weit verstreut am Wasser oder in Waldrodungen, aber wenige Stellen sind zusammenhängend besiedelt.« Eingangspforte ins Østerdal ist die strategisch günstig an der Glommabiegung errichtete alte Grenzfestung **Kongsvinger**. Sie entstand 1681–90 und wird heute noch militärisch genutzt.

Das 100 km nördlich gelegene **Elverum**, ›Waldhauptstadt‹ und ebenfalls Garnisonsstandort, wurde im Krieg von den Deutschen stark zerstört. Unbedingt lohnend ist ein Besuch des **Norsk Skogbruksmuseet** (Ende Juni–Aug. 10–18, sonst 10–16 Uhr), das als Norwegens einziges Spezialmuseum dieser Art die seit Jahrhunderten in der Umgebung Elverums betriebene Forstwirtschaft zum Thema hat. Zudem gibt es Interessantes über die traditionelle Elchjagd und den Fischfang zu erfahren. Elverum sollte man nicht verlassen, ohne die vorzüglichen Elchspezialitäten im Hotel und Restaurant *Elgstua* etwa 1,5 km westlich vom Zentrum am Abzweig der RV 3 probiert zu haben.

Auf der gut ausgebauten RV 3 und RV 30 erreicht man rund 250 km weiter nördlich die alte Kupferminenstadt **Røros**, die mit ihrer Bergbausiedlung aus dem 18. Jh. in die UNESCO World Heritage List aufgenommen wurde. Am besten lässt man die Atmosphäre der Grubenstadt, die rund um das 1644 von König Christian IV. gegründete Kupferbergwerk entstanden

Grubengold aus Røros: Seit der Stilllegung der Kupfermine erlebt die einst reiche Bergstadt durch den Tourismus einen neuen Aufschwung

ist und die der aus Røros stammende Dichter *Johan Falkberget* (1879–1967) in seinen Werken beschrieben hat, bei einem Bummel auf sich wirken. Deutlich sichtbar ist noch die soziale Schichtung in den Wohnvierteln: Bei den Schlackehügeln lagen die winzigen, mit Gras bedeckten Arbeiterwohnungen, während das Bürgertum im Bereich der Hauptstraße Bergmannsgate lebte. Hier steht auch der repräsentative **Bergskrivergård**, einst Verwaltungsgebäude und Wohnung des Direktors.

Das älteste Gebäude der Stadt ist der **Åsengård**, der dem Entdecker des Kupfers, *Hans Åsen*, gehörte und seitdem in Familienbesitz ist. Das Bergwerksmuseum **Smelthytta** (Juni–Sept. tgl. 10–16 Uhr, Mitte Juni–Anf. Aug. tgl. 10–19 Uhr, sonst tgl. 11–14 Uhr) in der ehem. Schmelzhütte am Malmplassen erklärt sehr anschaulich den Prozess der Kupfergewinnung.

Prunkstück der Stadt ist die große achteckige **Røros Kirke** (Juni–Anf. Sept. Mo–Fr 14–16, Sa 12–14 Uhr, im Hochsommer Mo–Sa 10–17, So 14–16 Uhr), wohl das einzige steinerne Bauwerk im alten Røros. Ihr 49 m hoher *Glockenturm* trägt noch das Firmensymbol der Kupferwerke, die den Bau 1780–84 finanziert hatten. Im Inneren bilden die Kanzel und Orgel über dem Altar eine prächtige barocke Wand. Mit 1640 Sitzplätzen ist die Kirche nach Kongsberg und Trondheim die drittgrößte Norwegens.

In der 13 km östlich der Stadt liegenden **Olavsgruva** (Juni–Anf. Sept. tgl. Führungen, sonst nur Sa) wurde ein kleines *Grubenmuseum* und der große originelle Konzert- und Theatersaal *Bergmannshallen* eingerichtet. Zu einer Besichtigung sollte man warme Kleidung mitbringen, da es im Bergwerk bei 5 °C sonst etwas frostig wird!

Ein sehr schöner Ausflug führt von Røros südostwärts an die Ufer des **Femunden** im gleichnamigen Nationalpark. Wer weitgehend unberührte Natur, Kiefernwälder, Bäche und kleine Seen, wilde und zahme Rentiere, gute Angel-, Wander- oder Paddelmöglichkeiten sucht, wird sich hier wohlfühlen. Die Gegend eignet sich auch ganz ausgezeichnet für Kanutouren. Den Femunden, Norwegens drittgrößten Binnensee (204 km²), erlebt man am schönsten bei einer *Dampferfahrt* von Sørvika nach Elgå (30 km), an manchen Tagen verkehrt das Boot auch bis Femundsenden.

ℹ Praktische Hinweise

Information: Turistkontor, Peder Hiortsgate 2, Røros, Tel. 72 41 11 65, Fax 72 41 02 08, www.rorosinfo.com. Im Sommer werden Führungen durch die historische Altstadt angeboten.

Hotels

Quality Hotel & Ressort Røros, An-Magrittsvei, Røros, Tel. 72 40 80 00,

Manchmal unwirtlich und unwegsam: Im waldreichen Østerdal leben noch viele Bewohner von der Forstwirtschaft

Fax 72 40 80 01, www.choice.no. Solides Hotel in der Stadtmitte.

Vertshuset Røros, Kjerkgata 34, Røros, Tel. 72 41 93 50, Fax 72 41 93 51, www.vertshusetroros.no. Kleines Hotel mit Restaurant in einem der historischen Altstadthäuser an der Fußgängerzone im Zentrum.

21 Mjøsa-See

Olympisches Winterparadies an Norwegens größtem Binnensee.

Eidsvoll – Hamar – Gjøvik – Lillehammer

Eingebettet in eine fruchtbare Kulturlandschaft liegt der 117 km lange Mjøsa-See. Goldgelbe Felder, Wiesen und Waldpartien prägen diese Landschaft, die seit alters her Norwegens Vorratskammer ist. Große Bauernhöfe mit hübschen alten Wohngebäuden zeugen vom Reichtum der Region. Heute trägt neben der Landwirtschaft die Industrie in den Städten *Lillehammer*, *Hamar* und *Gjøvik* zum Wohlstand bei. Eine starke Aufwertung erlebte diese Region durch die *Olympischen Winterspiele 1994*.

Am Südende des Sees findet sich in der kleinen Industriestadt **Eidsvoll** eine von Norwegens nationalen Gedenkstätten. In dem Herrenhaus **Eidsvollbygningen** (Mitte Juni–Mitte Aug. tgl. 10–17, Mitte Aug.–Mitte Sept. Mo–Fr 10–15, Sa/So 10–17, Mitte Sept.–Okt. und April–Mitte Mai Sa/So 12–16 Uhr) wurde Norwegens Verfassung ausgearbeitet und 1814 am 17. Mai, heute Nationalfeiertag, verabschiedet. Die Verfassung teilte die Macht zwischen Storting (Parlament) und König. Das im Empirestil möblierte ehrwürdige Gebäude mit dem historischen *Reichssaal* ist heute als Museum eingerichtet.

Hamar am Ostufer des Mjøsa-Sees ist eine lebhafte Industrie- und Einkaufsstadt, die auf eine lange Vergangenheit zurückblickt. Seit 1152 Bischofssitz, entwickelte sich Hamar zu einem kulturellen Zentrum, bis die Reformation den Aufschwung bremste. Im Siebenjährigen Krieg (1563–70) wurden Bischofssitz, Dom und Stadt von den Schweden stark zerstört. An das alte Hamar erinnern heute nur noch die *Domruinen* im **Hedmarksmuseet** (Mitte Mai–Mitte Juni, Mitte Aug.–Mitte Sept. Di–So. 10–16 Uhr, Mitte

Juni–Mitte Aug. tgl. 10–18 Uhr), knapp 3 km vom Zentrum, das zugleich auch Freilichtmuseum am Mjøsa-See ist. Ein Anziehungspunkt für Eisenbahnfreunde ist das benachbarte **Jernbanemuseet** (Ende Mai–Ende Aug. tgl. 10–16 Uhr, Juli 10–18 Uhr) mit einem Veteranenzug und Modelleisenbahnen.

Erinnerungen an jüngere Ereignisse wecken dagegen die imposanten Ge-

Mit einem Oldtimer übers Wasser

TOP TIPP Ein alter Transportweg ist der **Mjøsa-See**, der anfangs mit Segelschiffen, später mit Dampfschiffen befahren wurde. 1856 setzte man erstmals den **Schaufelraddampfer Skibladner** ein, der Anschluss an die kurz vorher in Betrieb genommene Eisenbahnlinie Christiania (Oslo) – Eidsvoll bot. Der mittlerweile restaurierte Oldtimer verkehrt heute noch im Sommer zwischen Eidsvoll und Lillehammer. Eine Fahrt auf dem Skibladner zählt zu den schönsten Arten, die Region zu entdecken (Reservierung bei Skibladnerkontoret, Jernbanegate 2, Gjøvik, Tel. 61 14 40 80, Fax 61 14 40 81, www.skibladner.no).

bäude, die für die Olympischen Winterspiele 1994 errichtet wurden: die **Nordlyshallen** für die Eiskunstlauf- und Eisschnelllauf-Wettkämpfe und die Olympiahalle **Vikingskipet**. Wie ein umgedrehtes Wikingerschiff konstruierten die Architekten diese große Eislaufhalle, die besonders abends im Scheinwerferlicht unwirklich erscheint. Beide Hallen werden sowohl für sportliche Veranstaltungen als auch für Konzerte oder Ausstellungen genutzt.

Gjøvik am gegenüberliegenden Ufer erhielt für die Olympischen Winterspiele 1994 ein 120 m in den Fels gesprengtes *Eishockey-Stadion*. Bekannt war Gjøvik, das auf eine lange Tradition als Glashüttenstadt zurückblicken kann, besonders für sein **blaues Glas**. In einer Dauerausstellung im Rathaus sind Originale aus der Glashüttenzeit (1807–1943) zu sehen.

Lillehammer, die Stadt der Winterolympiade 1994 mit einem attraktiven Umland erreicht man am Nordufer des Mjøsa-Sees, am Eingang ins Gudbrandsdal. Die schöne Lage am Wasser und der Charme der Kleinstadt mit ihrem gemütlichen Zentrumsbereich wurden durch Olympia nicht wesentlich verändert.

TOP TIPP Das im Südosten der Stadt liegende Museum **De Sandvigske Samlinger** (Mitte Mai–Sept. tgl. 10–17,

Kulturgeschichte hautnah für jung und alt im Freilichtmuseum Maihaugen

Okt.–Mitte Mai Di–So. 11–16 Uhr; im Sommer deutschsprachige Führungen) ist eines der größten und bedeutendsten Freilichtmuseen Norwegens. Sein Begründer, der Zahnarzt Anders Sandvig, sammelte und bewahrte auf dem **Maihaugen** 150 Gebäude vor dem Verfall: Bauernhäuser, Vorratsspeicher, Almhütten, Schulen und die Stabkirche von Garmo (von 1200) bei Lom. Interessant sind auch die rund 30 alten *Handwerksbetriebe*, in denen einst u. a. Schreiner, Silberschmiede oder Buchbinder ihren Beruf ausübten.

In einem 1992 entstandenen Gebäude zeigt das **Lillehammer Kunstmuseum** (Ende Juni–Ende Aug. tgl. 11–17 Uhr, sonst Di–So 11–16 Uhr) norwegische Malerei ab dem 19. Jh. und Ausstellungen norwegischer und internationaler Kunst.

Eine Attraktion anderer Art ist das **Norsk Kjøretøyhistorisk Museum** (Mitte Juni–Aug. 10–18 Uhr, sonst Mo–Fr 11–15, Sa/So 11–16 Uhr) im *Mesnasenter*. Es besitzt eine in Norwegen einzigartige Sammlung von Fahrzeugen: von Schlitten über Pferdewagen bis zu alten Automobilen. Hier steht der *Troll*, das letzte in Norwegen gefertigte Auto aus den 1950er-Jahren, ein elektrisches Auto aus den 1920er-Jahren und vieles mehr. Ebenfalls im Mesnasenter befindet sich eine **Glasbläserhütte** des Hadeland Glaswerks, in der man den Glasbläsern bei ihrer kunstvollen Arbeit zuschauen und die schönen Produkte natürlich auch kaufen kann.

Wer sich für die 17. Olympischen Winterspiele interessiert, kann sich einer Führung des Touristenbüros anschließen oder das *Norges Olympiske Museum* (Juni–Aug. tgl. 11–18 Uhr, Sept.–Mai Di–So 11–16 Uhr) besichtigen, Norwegens Olympisches Museum in der **Håkons Hall**, der Hauptarena für die Eishockey-Wettkämpfe. Die modern präsentierte Ausstellung erläutert die Geschichte der Olympischen Spiele von 1896 bis in die Gegenwart. Die Sprungschanze **Hopptårn** (Mitte Juni–Mitte Aug. tgl. 9–20 Uhr, sonst 11–16 Uhr) ist für das Publikum zugänglich und bietet von der Terrasse einen weiten Blick über die Stadt.

Ausflüge

Die umliegenden Bergregionen **Øyer**, **Nordseter** und **Sjusjøen** sind renom-

Skisport wird hier groß geschrieben: Seit den Olympischen Winterspielen 1994 sind die beiden Sprungschanzen Lillehammers in aller Welt bekannt

Auch im Sommer ist das von waldbedeckten Hängen umgebene Lillehammer am Mjøsa-See Ziel zahlreicher Besucher

mierte *Sommer- und Wintersportgebiete* mit großem Übernachtungsangebot sowie guten Wander- und Skimöglichkeiten.

Einen schönen Ausflug aufs Fjell bietet der **Birkebeinerveien** hinüber ins Østerdal [Nr. 20]. Die mautpflichtige Straße klettert bis auf 1090 m und ermöglicht bei klarem Wetter Sicht aufs *Rondane-* und *Jotunheimen-Gebirge.* Im Winter findet hier das berühmte *Birkebeinerrennen* statt. Der Skilanglauf-Wettbewerb erinnert an ein legendäres Ereignis im Jahre 1205, einer Zeit des Machtkampfs zwischen König und Bischof.

ℹ Praktische Hinweise

Information: Turistkontor, Jernbanetorget 2 (Bahnhof), Lillehammer, Tel. 61 28 98 00, www.lillehammerturist.no

Hotels

Comfort Hotel Hammer, Storgata 108b, Lillehammer, Tel. 61 26 73 73, Fax 61 26 37 30, www.choice.no. Modernes Hotel in einer unter Denkmalschutz stehenden Straße mitten im Zentrum.

Gjestehuset Ersgaard, Nordseterveien 201, Lillehammer, Tel. 61 25 06 84, Fax 61 25 31 09, www.ersgaard.no. Schön am Olympiapark oberhalb der Stadt gelegene Pension.

Restaurant

Vertshuset Solveig, Storgata 68b, Lillehammer, Tel. 61 26 27 87. Preiswerte und gute Hausmannskost.

Birkebeiner – Retter des Throns

Die beiden Birkebeiner, die königlichen Gefolgsleute Torstein Skjelva und Skjevald Skrukka, brachten den 2-jährigen Thronerben Håkon Håkonsson in einer tief verschneiten Winternacht 1205 auf Skiern über das

Birkebeiner-Denkmal in Lillehammer

Gebirge ins Østerdal in Sicherheit vor dem Bischof in Oslo und retteten so den norwegischen Thron. Birkebeiner wurden damals die – meist armen – Anhänger König Sverres (1184–1202) nach ihren Beinharnischen aus Birkenrinde verächtlich von ihren Gegnern genannt. Heute ziert ein Birkebeiner das Wappen von Lillehammer und steht als Statue im Zentrum der Stadt.

22 Gudbrandsdal

Das Tal der Nobelpreisträger.

Aulestad – Stabkirke Ringebu –
Otta – Rondane – Sel – Dombås –
Dovrefjell

Das **Gudbrandsdal** ist wohl das bekannteste Tal Norwegens. Die landschaftliche Schönheit, die abwechslungsreiche Natur und die vielen historischen Spuren haben ihm den Beinamen ›Tal der Täler‹ eingebracht. Rund 200 km erstreckt sich das Gudbrandsdal vom Mjøsa-See im Süden bis zur Wasserscheide bei Lesja südlich des Dovrefjells. Behäbig breite Partien mit Wäldern, Feldern und bunt gestrichenen Bauernhöfen wechseln mit unwirtlichen, fast düsteren Abschnitten, wo nur Fluss, Eisenbahn und Straße Platz haben.

Wer im Sommer den Hauptverkehr meiden möchte und stille Natur schätzt, wählt den westlich parallel verlaufenden **Peer Gyntveien** zwischen Fåberg und Vinstra (mautpflichtig). Die Strecke wurde nach dem sagenhaften *Peer Gynt* benannt, der hier zu Hause und Vorbild für Ibsens Held war. Die Route führt durch **Aulestad**, wo der Dichter, Politiker und Dramatiker *Bjørnstjerne Bjørnson* (1832–1910) von 1875 bis zu seinem Tod lebte. Bjørnson erhielt 1903 den Nobelpreis für Literatur und schrieb Norwegens Nationalhymne. Vom höchsten Punkt der Strecke (Listulhøgda, 1053 m) bietet sich eine herrliche **Aussicht** auf das *Jotunheimen-Gebirge* mit Nordeuropas höchsten Gipfeln im Nordwesten und das *Rondane-Gebirge* im Norden.

Folgt man der E 6, so erreicht man nördlich von Lillehammer [s. S. 81] den Vergnügungspark *Hunderfossen Lekeland*. Ein Abstecher von 2 km lohnt zu der am Hang gelegenen **Stabkirke Ringebu** (Mitte Mai–Mitte Sept. 10–16 Uhr, zur Hochsaison länger) aus dem 13. Jh. Wie viele dieser frühchristlichen Holzkirchen erfuhr sie Umbauten und Erweiterungen, die den ursprünglichen Charakter veränderten. So wurden Querschiff und Turm im 17. Jh. hinzugefügt.

In **Otta** zweigt die Route an den Nordfjord [Nr. 16] und Sognefjord [Nr. 15] ab. Sehr alte und schöne Höfe sind in den umliegenden Tälern erhalten wie in *Bjølstad* oder im *Heidal*. Auf dem Fluss Sjoa werden *Rafting-Touren* angeboten.

Das **Rondane-Gebirge** nordöstlich von Otta ist als Ausflugsziel wegen seiner ausgezeichneten Wandermöglichkeiten und bequemen Zufahrtswege sehr beliebt. Die sanft gerundeten Gipfel und Bergketten lassen fast vergessen, dass man sich im Hochgebirge befindet: Immerhin erreichen zehn Gipfel mehr als 2000 m Höhe. Zu Füßen des *Rondslottet*, der mit 2178 m höchsten Erhebung, erstreckt sich der **Rondane Nasjonalpark** auf einer Fläche von 572 km^2. Mit etwas Glück lassen sich hier neben Schneehühnern und Vielfraßen auch Wildrene und Füchse beobachten.

Im Ort **Sel** verbrachte die Schriftstellerin *Sigrid Undset* (1882–1949) mehrmals ihre Ferien. Sie ist neben Bjørnstjerne Bjørnson und Knut Hamsun (1920) eine der drei norwegischen Nobelpreisträger für Literatur: 1928 wurde sie ausgezeichnet für ihre beiden Romane ›Olav Audunssohn‹ und ›Kristin Lavranstochter‹, die im mittelalterlichen Sel spielen und unter der Regie von Liv Ullmann verfilmt wurden. Der für die Dreharbeiten in alter Blockbautechnik errichtete Hof **Jørundgård** steht noch und lockt heute viele Touristen an.

Nahe dem Ort *Dovre* liegt **Toftegård**, der jahrhundertelang den norwegischen Königen bei ihren Reisen durchs Land Quartier bot. Der Hof ist seit 1688 in Familienbesitz und kann nicht besichtigt werden. Ein mit Königskrone markierter **Wanderweg** führt vorbei an den hübschen alten Häusern von *Toftemo* auf den Spuren des alten Königswegs über Hardbakken nach *Fokstua*.

Dombås ist ein bekannter Touristenort am Abzweig ins herrliche Romsdal zum Romsdalsfjord [Nr. 17]. Schöne Wandergebiete wie Rondane, Reinheimen oder Dovrefjell sind von Dombås aus gleichermaßen zu erreichen. Ein Erlebnis besonderer Art ist ein Ausflug ins *Dovrefjell* zu einer **Moschusochsensafari**. Die Tiere wurden in den 30er-Jahren des 20. Jh. aus Grönland importiert und hier angesiedelt.

TOP TIPP

Oben: *Friedvolle Ruhe strahlt der Mjøsa-See in der Morgendämmerung aus*
Mitte: *Grün und fruchtbar – Wiesen und Wälder säumen die Kulturlandschaft rund um den Mjøsa-See*
Unten: *Herbe Schönheit – Das Dovrefjell entfaltet seinen ganzen Reiz im Herbst*

Hinter Dombås wird die Landschaft zunehmend rauer, bei Hjerkinn erreicht die Straße mit 1026 m den höchsten Punkt, von wo sich ein schöner Blick auf die *Snøhetta* (2286 m) bietet, den überragenden Gipfel im **Dovrefjell Nasjonalpark**. Die traditionsreiche *Kongsvold Fjellstue* liegt inmitten dieser herben und reizvollen Natur. Von hier aus kann man lange *Wanderungen* unternehmen, bei denen man gute Chancen hat, einigen wild lebenden **Moschusochsen** zu begegnen. Diese friedlichen Tiere werden nur gefährlich, wenn sie sich angegriffen fühlen. Daher ist es ratsam, ihnen nicht allzusehr auf den Pelz zu rücken.

Ein sehr schöner, leichter Wanderweg ist der mit der Königskrone markierte **Vårstigen**, der auf dem alten Königsweg durchs Drivdal führt.

ℹ Praktische Hinweise

Information: Turistkontor, Frichgården, Dombås, Tel. 61 24 14 44, Fax 61 24 11 90, www.dovrenett.no. Erteilt auch Auskunft zu Rafting-Touren am Romsdalsfjord. – Turistkontor, Otta, Tel. 61 23 66 50, Fax 6123 09 60, www.visitrondane.com

Moschusochsen-Safari: Moskus Safari Dovrefjell, Dombås, Tel. 99 70 37 66, www.moskus-safari.no. Start am Turistkontor Dombås um 9 Uhr oder am Kongsvold Fejellstue um 10 Uhr.

Hotel

Kongsvold Fjellstue, Dovrefjell, Oppdal, Tel. 72 40 43 40, Fax 72 40 43 41, www.kongsvold.no. Historische Etappenstation auf dem alten Königsweg. Geschmackvolle Zimmer in gemütlichem Ambiente. Restaurant.

Auf den Pfaden der Könige

Das Gudbrandsdal ist eine uralte **Süd-Nord-Verbindung** von Oslo über Dombås nach Trondheim. Wo heute die sehr gut ausgebaute Europastraße 6 verläuft, reisten jahrhundertelang die norwegischen Könige durch das Tal nach **Trondheim**, um sich in der Nidaros Domkirke krönen zu lassen. Pilgerscharen zogen am Lågenfluss entlang zum Schrein des hl. Olav in der Krönungskirche. Inzwischen sind es die Urlauber auf dem Weg nach Norden, die das ›Tal der Täler‹ durchqueren.

23 Lom

Das Tor zum Jotunheimen-Gebirge.

Lom eignet sich gut als Standquartier, um das Jotunheimen-Gebirge zu erkunden. Die schöne Lage am *Ottavatn* und an der wichtigen Verbindungsstraße von Otta über Grotli an den Geirangerfjord [Nr. 17] haben die touristische Entwicklung begünstigt.

Die malerisch gelegene **Stabkirke** (Mitte Mai–Mitte Sept. 9–20 Uhr, sonst 10–16 Uhr), die sich dunkel vor den grünen Bergwänden abhebt, geht in ihren Anfängen auf das Jahr 1170 zurück. Größe und Ausstattung spiegeln den einstigen Wohlstand im Gudbrands- und Ottadal wider. *Drachenköpfe* zieren die Giebel des Mittelschiffs und die Dachreiter zum Schutz des Gotteshauses vor bösen Geistern. Wie so viele Stabkirchen wurde auch diese in nachreformatorischer Zeit verändert und erhielt Querschiff, Fenster, zusätzliche Decken sowie Dachreiter. Bemerkenswert sind besonders der *Innenraum* und das reich geschnitzte *Nordportal*, das vermutlich ursprünglich als Haupteingang der mittelalterlichen Kirche diente.

Das **Norsk Fjellmuseum** (Mitte Juni–Aug. Mo–Fr 9–21, Fei 10–20 Uhr, Anfang–Mitte Juni und Mitte–Ende Aug. Mo–Fr 9–17, Fei 10–17 Uhr, Mai/Sept. Mo–Fr 9–16, Fei 10–17 Uhr) hat das Zusammenspiel von Mensch und Berg zum Thema und lässt in einer einfühlsamen Ton-Diashow die Atmosphäre des Jotunheimen-Gebirges erleben.

Weitere museale Ziele in Lom sind das **Fossheim Steinsenter** (tgl. 9–20 Uhr, in der Vor- und Nachsaison bis 18 Uhr) mit einer Mineraliensammlung aus dem Jotunheimen und Gesteinsfunden aus der ganzen Welt sowie das Heimatmuseum **Lom Bygdemuseum** (Juli–Mitte Aug. tgl. 12–17, Mitte–Ende Aug. 12–16 Uhr) mit Holzgebäuden aus dem Ottadal, darunter dem größten Speicher des Landes aus dem 16. Jh. Eine Ausstellung veranschaulicht die altbewährte Bewässerungstechnik im Ottatal, das mit 270 mm Niederschlag als die ›Sahara des Nordens‹ gilt.

Ausflüge

Im 13 km östlich gelegenen **Garmo** wurde 1859 der Dichter und Nobelpreisträger *Knut Hamsun* geboren. Er verbrachte hier seine ersten Lebensjahre, bis die Familie nach Hamarøy ins Nordland zog. Hamsuns Geburtsstätte, ein kleines Blockhaus, dient heute während der Saison als *Museum*.

Im Ort **Vågåmo** am Ostende des Vågåvatn ist neben einem Heimatmuseum die *Vågå Kirke* aus dem 17. Jh. einen Besuch wert, die an der Stelle einer alten Stabkirche entstand: Mittelalterlich sind Taufstein und Kruzifix, Kanzel und Altartafel stammen aus dem 17. Jh.

Eine mautpflichtige Straße führt auf den Aussichtsberg **Blåhø** (1618 m), von dem aus man weit übers Dovrefjell, Rondane- und Jotunheimen-Gebirge blickt.

ℹ️ Praktische Hinweise

Information: Informasjon im Norsk Fjellmuseum, Lom, Tel. 61 21 29 90, Fax 61 21 29 95, www.visitlom.com

Restaurant

Fossheim Turisthotell, Lom, Tel. 61 21 95 00, Fax 61 21 95 01, www.fossheimhotel.no. Ausgezeichnetes Restaurant: Qualität und Einfallsreichtum der Küche sind über Norwegen hinaus bekannt. Anbei gemütliches Hotel im norwegischen Stil, dessen Tradition bis 1897 zurückreicht.

24 Jotunheimen

Faszination Hochgebirge.

Røysheim – Galdesand – Elveseter – Turtagrø – Øvre Årdal – Tyin – Vang – Beitostølen – Bygdin – Gjendesheim

›Heim der Riesen‹ heißt dieses mächtige Gebirge im Herzen Norwegens. Romantische Täler durchschneiden den Gebirgsstock, in dem die höchsten Gipfel des Landes, rund 60 Gletscher und mehrere große Seen liegen. 1980 wurde ein 1150 km² großes Areal zum **Jotunheimen Nasjonalpark** erklärt. Die Gebirgslandschaft ist ein *Dorado für Naturfans*. Hier ist fast alles möglich: Ruhiger Urlaub vor hinreißender Bergkulisse, gemütliche Familienwanderungen oder sportliche Hochgebirgstouren, Gletscherquerungen, Riverrafting, Kajaktouren, Gleitschirmfliegen, Sommerskilaufen, im Winter Skitouren oder Fahrten mit dem Hundeschlitten.

Für die im Folgenden beschriebene Rundtour durchs Jotunheimen sollte man sich mindestens zwei Tage Zeit neh-

Kein Spaziergang: Gute Ausrüstung und ein kundiger Führer sind hier angesagt

Berge und Gletscher auf Schusters Rappen

Beschilderte Wanderwege führen direkt von Lom auf die umliegenden Höhen. Empfehlenswert ist der Weg auf den 1289 m hohen Hausberg **Lomseggi**, von dessen Gipfel man eine weite Sicht über das Otta- und Bøverdal hat (Broschüre im Touristenbüro). Wer geführte Gletscher- oder Bergtouren unternehmen möchte, setzt sich am besten mit AS Natur Opplevingar (Tel. 61 21 11 55, Fax 61 21 19 85, www.naturopplevingar.no) in Verbindung. Im Sommer werden täglich einfache Ausflüge auf den **Svellnosbreen** und **Smørstabbreen** veranstaltet, ebenso Besteigungen der beiden höchsten Gipfel **Galdhøpiggen** und **Glittertind**, die innerhalb der Gemeindegrenzen liegen. Im Galdhøpiggen Sommerskisenter trainieren auf dem Gletscher in 1850–2200 m Höhe viele Nationalmannschaften. Sommerskifahren und Ausrüstungsverleih ist möglich.

men und außerhalb der Hochsaison die Wetter- und Straßenbedingungen beachten!

Bei Lom zweigt die eindrucksvolle Straße RV 55 durchs **Bøverdal** ab. Sie schlängelt sich in die Gletscherregion des *Sognefjell* hinauf, um anschließend in steilen Serpentinen den *Lustrafjord*, einen Seitenarm des grandiosen Sognefjords, zu erreichen. Die Strecke, die von November bis April wegen starker Schneeverwehungen gesperrt ist, folgt einem alten Verbindungsweg vom Gudbrandsdal im Osten bis ins Sogn-Gebiet im Westen. Auf Pferden transportierten die Menschen Butter, Käse, Felle und Wolle nach Westen und Salz, Eisen und Schmuck nach Osten. Der norwegische Dichter *Henrik Wergeland* fasste seine Eindrücke 1832 so zusammen: »Hier geht der furchtbare Weg der Leute aus Lom zu denen aus Sogn über die Alpenwüste des Sognefjells.«

Im Weiler **Røysheim** mit dem traditionsreichen, sehr guten *Hotell Røisheim* im Gebäude einer einstigen Postkutschenstation zweigt das *Visdal* südwärts ab. Früher verlief hier zu Füßen der beiden höchsten Erhebungen des Landes, Galdhøpiggen und Glittertind, ein Verbindungsweg ins Valdres [Nr. 25]. In einer anstrengenden Tagestour erreicht man vom Berghotel *Spiterstulen* auf 1100 m, zu dem eine mautpflichtige Straße hinaufführt, den Gipfel des **Galdhøpiggen** (2469 m). Im Hotel werden geführte Gletscherwanderungen auf den *Svellnosbreen* angeboten.

Galdesand ist mit seiner achteckigen Kirche von 1864 das Zentrum im Bøverdal. Hier biegt eine 15 km lange, mautpflichtige Straße ab in den Nationalpark zum *Galdhøpiggen Sommerskigebiet* und zur **Juvasshytta** (1841 m). Die Gebirgspension liegt in grandioser, aber steiniger Hochgebirgslandschaft und bietet geführte Gletschertouren auf den *Styggebreen* mit 3 Std. dauerndem Aufstieg auf den Galdhøpiggen an. Der Abstieg lässt sich in 2 Std. bewältigen.

Neben dem westlich von Galdesand gelegenen **Elveseter Hotel**, einem umgebauten Gutshof im alten Stil, wurde 1992 eine 40 m hohe *Sagasøyla* errichtet, auf der umlaufend die Geschichte Norwegens dargestellt ist.

Einige Kilometer weiter zweigt die dritte gebührenpflichtige Route in den Jotunheimen Nasjonalpark zur Bergpension **Leirvassbu** ab. Nach 17 km erreicht man die Pension auf 1405 m Höhe, einen beliebten Ausgangspunkt für Wandertouren z. B. hinüber zum Spiterstulen Hotel. Auch hier werden Gletschertouren mit Führer angeboten.

Hinter Elveseter steigt die Straße an. Die Landschaft wird zunehmend rauer, immer wieder hat man herrliche Blicke auf vergletscherte Höhenzüge, Kuppen, Gipfel und eisbedeckte Seen. Die Dauerschneereste und hohen Markierungspfosten entlang der Straße lassen die winterlichen Verhältnisse ahnen. Bei der **Sognefjell Turisthytte** in 1440 m erreicht die Straße ihren höchsten Punkt. Östlich der Hütte erinnert der *Fantesteinen* (fant = Landstreicher) an die zwielichtigen Elemente, die früher die Sognefjell-Strecke zu einem gefährlichen Passübergang machten.

Das historische Nebengebäude des Turtagrø Hotells

Bei der Weiterfahrt bietet sich ein herrliches Panorama auf das ›Dach‹ Norwegens, auf die Gletscherwelt des *Fannaråki* (2069 m) im Süden und den *Smørstabbreen* im Osten. Der *Oscarshaugen* (an der Straße beschildert) verdankt seinen Namen König Oscar II., der hier 1860 durchritt, und eröffnet einen grandiosen Blick über das Jotunheimen.

Das auf 884 m gelegene, bei Klettersportlern beliebte **Turtagrø Høyfjellshotell** wurde nach einem Brand inzwischen völlig neu aufgebaut, das Nebengebäude war unversehrt geblieben. – Anschließend windet sich die Straße in engen Serpentinen steil hinunter an den Sognefjord, an dem die besonders schön gelegene, älteste Stabkirche Norwegens steht, die Urnes Kirke [s. S. 63].

Die große Jotunheimen-Rundfahrt führt bei Turtagrø über die mautpflichtige Strecke auf 1315 m nach **Øvre Årdal**. Für Wohnwagen-Gespanne und sehr große Wohnmobile ist die Straße jedoch nicht geeignet. Von dem Industrieort lohnt der tosende **Vettisfossen** einen Abstecher. Mit 275 m ist er der höchste Wasserfall in Nord-Europa. Man erreicht ihn ab *Hjelle* über den Vettis Gård in einer abwechslungsreichen 2-stündigen Wanderung.

Weiter fährt man dann auf der RV 53 nach **Tyin** am gleichnamigen schönen See in 1083 m Höhe. Ein Ausflug auf der nur im Sommer befahrbaren Straße 252 folgt dem Ostufer des Sees und endet in **Eidsbugården** am benachbarten Bygdin-See. Das schön gelegene *Eidsbugården Høyfjellshotell* ist Ausgangspunkt für Wandertouren im Gebirge, z. B. zum berühmten Bergsee Gjende, aber auch Startpunkt für eine **Dampferfahrt** auf dem Bygdin-See. Seit 1912 verkehrt die M/B Bitihorn täglich zur Hochsaison nach Bygdin.

Bei *Tyinkrysset* erreicht man die E 16, die Oslo mit Bergen verbindet. Die Stabkirche von **Vang** am sehr schönen Vang-See wurde im 19. Jh. an den Preußenkönig Friedrich Wilhelm IV. verkauft und auf dem Brückenberg im Riesengebirge bei Krummhübel, dem heute polnischen Karpacz, wieder aufgebaut. Bemerkenswert ist ein 2,15 m hoher *Runenstein* aus der Zeit um 1000 bei der Pfarrkirche in Vang, der den Übergang zwischen Heiden- und Christentum markiert.

Übers *Slettefjell* führt eine 31 km lange mautpflichtige Panoramastraße nach

Die Sognefjell-Straße führt über einen der schönsten Pässe Norwegens

Beitostølen, dem aufblühenden Ferienort, der sich besonders als Wintersport- und Sportzentrum für Körperbehinderte einen Namen gemacht hat.

Die Straße klettert dann wieder in unwirtlichere Regionen über der Baumgrenze. Lange hat man das markante *Bitihorn* (1608 m) im Blick, das in einem relativ leichten, erst zum Schluss steilen Anstieg erklommen werden kann und vom Gipfel ein herrliches Panorama über die Gletscher des Jotunheimen bietet.

Der Weiler **Bygdin** am 1058 m hoch gelegenen See (Bootsbetrieb) ist wegen der guten Wandermöglichkeiten ein beliebter Etappenort. Anschließend passiert man die *Valdresflya* (1389 m), eine bizarre und baumlose Ebene, auf der man oft große *Rentierherden* sehen kann.

Bei *Maurvangen* lohnt ein Abstecher von 2 km nach **Gjendesheim** am smaragdgrünen *Gjende-See* (984 m). Das malerisch von hohen Bergen umgebene Gewässer zählt zu den reizvollsten des Landes. Eine der schönsten *Bergtouren* Nor-

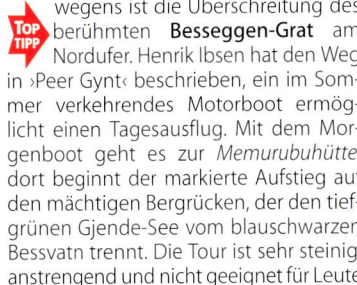

wegens ist die Überschreitung des berühmten **Bessegen-Grat** am Norfufer. Henrik Ibsen hat den Weg in ›Peer Gynt‹ beschrieben, ein im Sommer verkehrendes Motorboot ermöglicht einen Tagesausflug. Mit dem Morgenboot geht es zur *Memurubuhütte*, dort beginnt der markierte Aufstieg auf den mächtigen Bergrücken, der den tiefgrünen Gjende-See vom blauschwarzen Bessvatn trennt. Die Tour ist sehr steinig, anstrengend und nicht geeignet für Leute mit Höhenangst – aber von landschaftlich kaum zu übertreffender Schönheit.

Durch eine lieblicher werdende Gegend mit mehreren Campingplätzen erreicht man gut 1 km abseits der Straße **Ridderspranget**, eine klammartige Engstelle der Sjoa, die der Legende nach Ritter Sigvat Leirhol aus Valdres mit seiner geraubten Braut im Arm kühn zu Pferd übersprang. Die Sjoa zählt zu Norwegens beliebtesten *Rafting-* und *Kajak-Flüssen*. Über **Randsverk** und den außergewöhnlich klaren See *Lemonsjø* gelangt man wieder zum Ausgangspunkt Lom.

ℹ️ Praktische Hinweise

Rafting- und Kajaktouren

Norwegian Wildlife & Rafting (NWR), Randsverk, Vågå, Tel. 61 23 87 27, Fax 61 23 87 60, www.nwr.no. Bieten Tages- und Mehrtagestouren an.

Hotels

Bygdin Fjellhotel, Bygdin, Tel. 61 34 14 00, Fax 61 34 14 27, www.bygdin.com. Ungewöhnliche Höhenlage am Bygdin-See.

Gjendesheim Turisthytte, Gjendesheim, Tel. 61 23 89 10, Fax 61 23 89 65, www.gjendesheim.no. Bergpension des Norwegischen Touristenvereins DNT am Gjende-See. 2- und 4-Bett-Zimmer und Schlafsaal.

Spiterstulen Turisthytte, Lom, Tel. 61 21 14 80, Fax 61 21 19 72, www.spiterstulen.no. Schöne Lage auf 1100 m, guter Ausgangspunkt für Berg- und Gletschertouren.

◁ *Sportlichen Aktivitäten sind hier keine Grenzen gesetzt: Wanderung über den Bessegen-Grat* (**oben**), *Anglerglück am See bei Fagernes* (**Mitte links**), *Wildwasserabenteuer auf der Sjoa* (**Mitte rechts**) *oder zu Pferd durchs Hallingdal* (**unten**)

25 Valdres

Das liebliche Tal der Stabkirchen.

Fagernes – Heggenes – Reinli – Hedalen – Lomen – Høre

Das Valdres im Herzen Südnorwegens ist der Inbegriff eines norwegischen Tals ohne größere Städte oder hässliche Industrieansiedlungen. Viele Zeugnisse der alten Bauernkultur sind im Valdres erhalten und werden in den örtlichen Heimatmuseen bewahrt. Allein fünf der rund 30 Stabkirchen, die in Norwegen die Jahrhunderte überstanden haben, findet man hier. Das trockene, sonnige Klima und die verkehrsmäßig günstige Lage zwischen Ost- und Westnorwegen tragen zur Beliebtheit des Valdres als Urlaubsregion bei.

Zentrum ist **Fagernes** am Schnittpunkt der Zugangswege ins Jotunheimen-Gebirge, nach Lillehammer, zum Sognefjord und ins Hallingdal. Seit Fertigstellung der **Valdresbanen** 1906 blüht der Tourismus. Sehenswert ist das idyllisch auf einer Halbinsel im See gelegene **Valdres Folkemuseum** (Juni/Aug. tgl. 10–16 Uhr, Juli tgl. 10–17 Uhr, sonst Mo–Fr 8–15 Uhr), ein großes Freilichtgelände, in dem Handwerker nach traditioneller Art arbeiten und norwegische Hausmannskost angeboten wird.

Früher war Fagernes eine Station am Bergener Königsweg, dem **Gamle Kongeveien**, der um 1790 übers Fillefjell nach Lærdal am Sognefjord gebaut wurde. An verschiedenen Stellen hat man diesen alten Pfad als Wanderweg wieder zugänglich gemacht. Informationen zu Routen erteilt das Touristenbüro.

Die zentrale und außerdem sehr schöne Lage am *Strandafjord* macht Fagernes zu einem idealen Ausgangspunkt für **Ausflüge**: zu eisen- oder bronzezeitlichen Gräberfeldern, alten Höfen, Stabkirchen oder fischreichen Seen und Flüssen, über die eine Broschüre des Touristenbüros informiert.

Lohnend ist eine Fahrt auf der Straße RV 51 ins liebliche Østre Slidre zum *Herang Tunet* in **Heggenes**. In einem idyllischen Ensemble alter Gebäude im Kiefernwald arbeiten Künstler und Kunsthandwerker und verkaufen Andenken. In **Hegge** steht die kleine, später umgebaute *Stabkirche* von 1180, die für ihre geschnitzten Kapitelle und ausdrucksvollen Holzmasken im Inneren berühmt ist.

Ein Ausflug nach Südosten ins waldreiche Begnatal führt zu zwei Stabkirchen: **Reinli**, 4 km von Bagn entfernt, ist eine einschiffige Holzkirche aus dem 13. Jh. mit einem Söller, dessen schmale Öffnungen an Schießscharten erinnern. Die kleine **Stabkirke Hedalen** mit sehenswerten Schnitzereien aus der Mitte des 12. Jh. am Westportal liegt weiter flussabwärts abseits der Straße.

Sehr schön ist eine Fahrt um den lang gezogenen *Slidrefjord*, der bei Fagernes Strandafjord heißt, zum **Einangstein**: Er ist der älteste Runenstein, der noch an seinem ursprünglichen Platz steht, und stammt aus dem 4. Jh. Sehenswert ist die Stabkirche von **Lomen** aus dem 12./13. Jh., die man durch ein schön geschnitztes Portal betritt. Eine Seitenstraße führt zur Stabkirche von **Høre** (auch Hurum genannt). Eine Runeninschrift auf dem Pfeiler, der die Kanzel trägt, datiert sie auf 1180. Der schöne *Innenraum* weist an den Kapitellen kunstvolle Schnitzereien auf.

ℹ️ Praktische Hinweise

Information: Touristinformation Fagernes, Fagernes Skysstasjon, Tel. 61 35 94 10, Fax 61 35 94 15, www.visitvaldres.no

Kunstvoll verschlungenes Rankenwerk ziert die Portale der Stabkirche von Torpo

Hotels

Fosheim Skysstasjon, Røn, Tel. 61 34 43 50, Fax 61 34 44 55. 14 km nordwestlich Fagernes an der E 16. Zimmer und Hütten.

Quality Hotel & Resort Fagernes, Jernbaneveien, Fagernes, Tel. 61 35 80 00, Fax 61 35 80 01, www.choice.no. Schön am See gelegenes Hotel mit Restaurant.

26 Hallingdal

Kobaltblau und viel Natur.

Åmot – Krøderen – Nesbyen – Gol – Torpo – Geilo

Durch das bekannte Hallingdal führt die schnellste Verbindung von Oslo nach Bergen. Etwas abseits dieser Strecke, westlich von Oslo am Drammenselva, liegt beim Ort **Åmot** das **Blaafarveværket** (Mitte Mai–Mitte Sept. Di–So 10–17, Mitte Juni–Mitte Aug. tgl. bis 18 Uhr), in dem im 19. Jh. 80 % des Weltbedarfs an Kobaltblau hergestellt wurden. Um die Glashütte von 1770 entstand der sehenswerte *Museumspark* am tosenden Haugfossen. Hier erfährt man, wie aus dem Erz der 8 km entfernten Gruben durch verschiedene Schmelz- und Flotationsvorgänge das tiefblaue Farbpigment gewonnen wurde. Die Produkte aus kobaltblauem Glas und Porzellan werden im Museum verkauft. Sehenswert ist auch die Sommerausstellung von Werken skandinavischer Künstler.

Weiter nördlich erreicht man das schöne, bewaldete **Hallingdal** mit anfangs sanft ansteigenden Hängen. Der streckenweise breite Hallingdalselva durchfließt das Tal, welches bei Krøderen beginnt, sich bis an die Ausläufer der Hardangervidda zieht und nur einige Städtchen mit guter touristischer Infrastruktur aufweist. Wer Natururlaub mit sportlichen Aktivitäten wie Wandern, Radeln, Reiten, Angeln oder Kanu-Paddeln verbinden möchte, findet hier gute Möglichkeiten.

In **Krøderen** am Ende des 41 km langen und schmalen gleichnamigen Sees endete einst die Eisenbahnlinie aus Oslo, hier wurden Güter aufs Schiff verladen. Als Relikt aus vergangenen Tagen fährt im Sommer sonntags die *Krøderbanen*, eine alte Dampflok mit Holzwaggons, auf der 26 km langen Strecke zwischen Krøderen und Vikersund.

Hier steht nur eine Kopie. Die echte Stabkirche von Gol ließ König Oskar II. 1894 auf der jetzigen Osloer Museumsinsel Bygdøy wieder aufbauen

Auf der RV 7 nordwärts erreicht man das Industriestädtchen **Nesbyen**, in dem Ende Juni/Anfang Juli der große Hallingmarken stattfindet, ein traditioneller Jahrmarkt mit vielen Angeboten.

Weiter talaufwärts passiert man den Sommer- und Wintersportort **Gol**, in dem die schöne Strecke nach Fagernes und ins Jotunheimen-Gebirge und die Route durchs Hemsedal an den Sognefjord abzweigen. Die Stabkirche am Fluss ist eine Kopie aus dem Jahr 1994, das Original befindet sich im Norsk Folkemuseum in Oslo [s. S. 25].

Die 10 km weiter westlich in **Torpo** erhaltene *Stabkirche* (Juni–Aug. tgl. 8.30–18 Uhr) aus dem 12. Jh. lohnt den Besuch wegen der seltenen Malereien im Tonnengewölbe und der kunstvoll mit Drachenornamenten verzierten West- und Südportale.

Das westwärts an der RV 7 gelegene **Geilo** ist als Tor zur Hardangervidda und als Wintersportort bekannt. Neben sehr gut ausgebauten Skianlagen für Abfahrt und Langlauf bietet Geilo im Sommer alle nur erdenklichen **Sportmöglichkeiten**: Rafting, Wanderreiten auf dem Fjell,

Berg- und Gletschertouren auf dem Hallingskarvet und Hardangerjøkulen, Kanutouren, Fahrradfahren und Angeln.

Von Geilo aus lassen sich abwechslungsreiche Ausflüge unternehmen, z. B. zum **Ustevatn**, an dem sich im Herbst eine wahre Farbsinfonie darbietet – der tiefgrüne See ist eingebettet in einen Teppich gelb-orange gefärbter Birken –, und hinauf in die karger werdende Fjellandschaft der Hardangervidda. Der Weiler **Haugastøl** auf knapp 1000 m Höhe am Westende des Ustevatn wird vom Massiv des Hallingsskarvet überragt und ist ein beliebter Ausgangspunkt für Bergtouren zur Krækkjahytta oder per Mountain Bike auf dem alten **Rallarvegen** [s. S. 61], auf den Spuren der Eisenbahnarbeiter.

Bei schönem Wetter führt eine wunderbare Tour mit der Bergenbahn nach **Finse** (1222 m), Norwegens höchstgelegener Bahnstation mit traditionsreichem Hotel in grandioser Berglandschaft abseits der Autostraßen. Hier kann man lange Wanderungen oder Trekkingtouren auf der Hardangervidda oder im Bereich des Hardangerjøkulen unternehmen.

ℹ Praktische Hinweise

Information: Geilo Turistinformasjon, Geilo, Tel. 32 09 59 00, Fax 32 09 59 01, www.geilo.no

Hotels

Dr. Holms Hotel, Geilo, Tel. 32 09 57 00, Fax 32 09 16 20, www.drholms.no. Stilvolles Hotel im Zentrum.

Norlandia Geilo Hotell, Geilo, Tel. 32 09 05 11, Fax 32 09 17 30, www.norlandia.no. Hotel mit Restaurant.

Restaurant

Hallingstuene, Geilo, Tel. 32 09 12 50. Empfehlenswertes Restaurant mitten im Zentrum (Mo. geschl.).

27 Hardangervidda Nasjonalpark

TOP TIPP *Unberührte Natur: arktische Flora und Fauna in Südnorwegen.*

Auf 1100–1400 m Höhe liegt Europas größtes Gebirgsplateau, die **Hardangervidda**. Die unberührte Natur ist großartig und leicht zugänglich. Flache Bergmassive, Moore und Wasserläufe, das macht den Reiz der Vidda aus. An einigen Stellen überragen Plateaugipfel wie **Hårteigen** und **Hallingskarvet** als weit sichtbare Landmarken die Hochfläche, die von niedriger Tundravegetation bedeckt ist. Schneefelder sind auch im Hochsommer keine Seltenheit.

Etwa die Hälfte der Hardangervidda (3430 km²) wurde 1981 zum **Nationalpark** erklärt. Trotz der unwirtlich langen Kälteperioden zwischen kurzen Sommern ist die Vidda ein beliebtes Urlaubsgebiet. Norweger und ausländische Touristen kommen zum Wandern, Angeln, Jagen, auch wegen der zahlreichen Tiere und Pflanzen. Knapp 100 verschiedene Vogel- und etwa 20 Säugetierarten leben hier, darunter die südlichste *Wildrenpopulation* Europas. Die Vidda stellt für viele **arktische Pflanzen** die südliche Verbreitungsgrenze dar. *Lapplandweiden* säumen die Flussufer, *Zwergsträucher* wie

 Die arktische Tundralandschaft der Hardangervidda ist einzigartig in der Welt und besitzt die größte Population wild lebender Rentiere (Mitte). Kaum ein Baum, aber seltene Pflanzen wie die Moltebeere (unten) und Wollgräser (oben) sind hier zu finden

Preiselbeere, Heidelbeere, Heidekraut und Krähenbeere wachsen in Mengen. Große Teile der Vidda sind sumpfig, mit *Moosen* und den weiß leuchtenden *Wollgräsern* bewachsen. Eine Spezialität ist die **Moltebeere**, die orangefarbige arktische Brombeere, die viel Vitamin C enthält und seit dem 16. Jh. als Arznei gegen Skorbut verwendet wurde. Unterhalb der Baumgrenze findet man *Moorbirken*, die im Herbst die Landschaft in flammendes Rot tauchen, in den hoch gelegenen Regionen wachsen *Flechten*.

Die weite, offene Landschaft mit geringen Höhenunterschieden bietet bei bequemen **Wanderungen** herrliche Naturerlebnisse. Die Hardangervidda ist von einem Netz markierter Wanderwege durchzogen. Jeweils im Abstand von 5–6 Wegstunden erreicht man eine der zahlreichen bewirtschafteten oder unbewirtschafteten **Hütten**, die in der Regel im Sommer und an Ostern zur Langlaufsaison geöffnet sind.

Dank der zentralen Lage ist die Hardangervidda gut erreichbar. Die Straßen RV 7 (Geilo–Eidfjord) und E 134 (Haukelifjell) bieten gute Zufahrtsmöglichkeiten ins Gebirge. Die *Bergenbanen*, die seit 1909 Oslo mit Bergen verbindet, quert die Vidda im nördlichen Bereich.

ℹ Praktische Hinweise

Information: Auskunft über Wanderungen, Hüttenöffnungszeiten etc. erteilt Den Norske Turistforening (DNT), Storgata 7, Oslo, Tel. 22 82 28 00, Fax 22 82 28 01, www.turistforeningen.no

28 Numedal

Zurück zur Natur – die Silberstraße.

Kongsberg – Flesberg – Rollag – Nore – Rødberg – Uvdal – Dagali

Von der Silbergrubenstadt Kongsberg bis hinauf zur Hardangervidda erstreckt sich das stille waldreiche Numedal. Holzkirchen und verzierte Stabburer (Vorratsspeicher) stehen wie Symbole der Unerschütterlichkeit und Erdverbundenheit in der Landschaft. Im Bereich *Nore* und *Uvdal* werden in den Sommermonaten Seter (Almen) bewirtschaftet, die auch Urlauber beköstigen.

Kongsberg am Eingang ins Numedal verdankt seine Entstehung den Silbergruben, die der Dänenkönig Christian IV.

im 17. Jh. mithilfe deutscher Bergleute erschließen ließ. Um das Bergwerk entstand eine ausgedehnte Stadt – um 1750 mit 10 000 Einwohnern die zweitgrößte des Landes –, vollkommen abhängig vom Silberbergwerk, mit eigener Jurisdiktion und einer strengen sozialen Hierarchie, die sich in der Sitzordnung der barocken **Kongsberg Kirke** (Mitte Mai–Mitte Aug. Mo–Fr 10–16 Uhr, Sa 10– 13, So 14–16 Uhr, Mitte–Ende Aug. Mo–Fr 10–12 Uhr, sonst Di–Do 10–12 Uhr) widerspiegelt. Sie ist eine der größten Kirchen des Landes und stammt von dem Oberberghauptmann *Joachim Andreas von Stukenbrock*. Altar, Kanzel und Orgel bilden ein prachtvolles barockes Ensemble.

Die Entwicklung des Silberbergbaus wird im **Norsk Bergverksmuseum** (Mitte Mai–Aug. tgl. 10–17 Uhr, sonst tgl. 12–16 Uhr) in der ehem. Schmelzhütte von 1844 in Flussnähe dargestellt. Beeindruckend sind die zentnerschweren *Silberfunde*, die hier zu sehen sind. Zu diesem Museum gehören auch **Den Kongelige Mynts Museum**, das einen Überblick über die Geschichte der Münzprägung gibt, ein

Skimuseum und das 1999 eröffnete **Kongsberg Våpenfabriks Museum**, das daran erinnert, dass Kongsberg einst eine bedeutende Waffenschmiede war.

Silberbergbau ›zum Anfassen‹ gibt es in der **Kongensgruve** (Mitte Mai–Ende Aug. 3–4 Führungen tgl., Sept. nur 2 Führungen am So), etwa 8 km südwestlich in *Saggrenda*. Ein Grubenzug fährt Touristen 2,3 km in die nur 6 °C warme Grube in 1070 m Tiefe, deren Grund 460 m unter Meeresniveau liegt.

Flussaufwärts liegt die *Stabkirche* von **Flesberg**, die ihren Ursprung Ende des 12. Jh. hat. Westlich davon erstreckt sich der Höhenrücken *Blefjell* mit dem 1341 m hohen **Bletoppen**, einem beliebten Wander- und Wintersportgebiet.

Am Westufer des Lågen führt die Straße weiter Richtung Veggli an alten Speichern und Hofgebäuden vorbei zur *Stabkirche* von **Rollag**, die vermutlich um 1200 errichtet wurde. Sehenswert sind Chor und Schiff im Renaissance- und Barockstil sowie nebenan der Pfarrhof und das *Heimatmuseum*.

◁ In leuchtenden Gelb- und Rottönen zeigt sich die Hardangervidda im Herbst

sich ein herrliches Panorama eröffnet, erreicht man den Ferienort Geilo, ein ideales Standquartier für Touren im Bereich der Hardangervidda und des Hallingskarvet.

ℹ Praktische Hinweise

Information: Turistkontor, Karsches gate 3, Kongsberg, Tel. 32 29 90 50, Fax 32 29 90 51, www.visitkongsberg.no. – Turistkontoret for Numedal, Rødberg, Tel. 32 74 13 90, Fax 32 74 13 91

Hotels

Best Western Gyldenløve Hotell, Hermann Fossgate 1, Kongsberg, Tel. 32 86 58 00, Fax 32 86 58 01, www.bestwestern.com. Solides, am Bahnhof gelegenes Haus.

Quality Grand Hotel, Chr. Augustsgate 2, Kongsberg, Tel. 32 77 28 00, Fax 32 73 41 29, www.choice.no. Großes Hotel mit gutem Restaurant im Stadtzentrum.

Die bunten Wandmalereien in der Stabkirche von Nore liegen meist im Halbdunkel

Bei der Sunde-Brücke wechselt die Straße auf das Ostufer des hier zum See werdenden Flusses und erreicht die *Stabkirche* von **Nore**, ursprünglich eine Einmastkirche aus dem 12. Jh., die später zur Kreuzkirche erweitert wurde. Den ganzen Innenraum schmücken bunte *Wandmalereien* aus dem 17. Jh.

Kaum 20 km nördlich liegt **Rødberg**, das Zentrum der Gemeinde Nore und Uvdal, mit einem der großen Wasserkraftwerke des Landes und einem imposanten, neoklassizistischen *Kraftwerksgebäude* aus den 1920er-Jahren. Eine Nebenstraße führt zur frei stehenden **Stabkirke Uvdal**, einer Mittelmastkirche aus der zweiten Hälfte des 12. Jh., die im 17. Jh. stark verändert und innen reich verziert wurde.

Weiter geht es durch das enge Uvdal zwischen steil aufragenden Hängen zur Passhöhe auf 1100 m. Bald ist die kahle Hochfläche erreicht, die landschaftlich und klimatisch schon die Hardangervidda ankündigt. Über **Dagali**, das ein Freilichtmuseum und Rafting-Touren zu bieten hat, und die **Kikut Fjellstue**, von der

Nordnorwegen – Natur pur im Land der Mitternachtssonne

Nördlich von Trondheim beginnt Nordnorwegen, dessen Küste der Golfstrom auch im Winter eisfrei hält. Der imposanteste Abschnitt mit senkrecht aus dem Meer aufsteigenden Gebirgen und eisbedeckten Zacken liegt im Bereich Nordland bis **Tromsø** mit den faszinierend-schönen **Lofoten**. Jahreszeitlich starke Kontraste bietet die Natur nördlich des **Polarkreises**: *Polarnacht* und *Nordlicht*, sternklarer Himmel oder Schneestürme im Winter, weiße Nächte und *Mitternachtssonne* im kurzen Sommer. In grandioser Natur liegen **Narvik** oder im rauen Norden **Hammerfest**, die letzte größere Stadt vor dem **Nordkap**. Ein stabileres Klima als an der Küste mit mehr Sonnentagen bietet die innere **Finnmark**, Heimat der Rentiere und Dorado für Wanderer und Skiläufer.

29 Durchs Namdal nach Mo i Rana

Lachsflüsse, Industriestadt und Gletscher unter dem Polarkreis.

Steinvikholm – Stiklestad – Fiskumfossen – Trones – Laksfors – Mosjøen – Mo i Rana – Svartisen

Ausgedehnte Nadelwälder, die zu den besten Jagdrevieren Norwegens gehören, und unzählige Seen in einer allmählich karger werdenden Vegetation des Nordlands begleiten die gut ausgebaute E 6, auf der man das Namdal Richtung Mo i Rana durchquert. Knapp 40 km hinter Trondheim passiert man *Stjørdal* und erreicht kurz darauf die Ruinen der Burg **Steinvikholm**, die sich links der Straße auf einer Insel im Meer erheben. Sie wurde als quadratische Anlage mit zwei mächtigen Rundtürmen vom letzten norwegischen Erzbischof Olav Engelbrektsson 1525–32 erbaut, der in den turbulenten Reformationsjahren mit dem Schrein des hl. Olav aus der Nidaros Domkirke hierher geflüchtet war.

In **Stiklestad**, das man über Verdalsøra erreicht, fiel am 29. Juli 1030 König Olav der Heilige. In Erinnerung an dieses Ereignis wird stets Ende Juli von rund 300 Schauspielern und Laien das große *Freilicht-Schauspiel* ›Spelet om Heilag Olav‹ aufgeführt. Die *Steinkirche*, die 1180 an der Stelle entstand, wo er den Tod fand, birgt im Inneren spätmittelalterliche Fresken.

Ein Abstecher führt kurz hinter Steinkjer auf die Straße 763 zu einer der berühmtesten Felszeichnungen Norwegens: Das rund 5000 Jahre alte, lebensgroße **Rentier von Bøla** findet man bei **Stod** am Südufer des langen Snåsavatn. Es wurde zu einer Zeit geritzt, als der See noch ein Fjordarm war.

Weiter nordwärts stößt man wieder auf die E 6 und folgt dem Fluss *Namsen*: Englische Lords tauften ihn Ende des 19. Jh. ›The Queen of Norway‹, denn er zählt zu

Ausdruck magisch-ritueller Handlungen: Die Felszeichnungen bei Steinkjer zeigen Rentiere, Elche, Bären, Wale und Vögel

Alles was Lachs ist! Am Buffet des Restaurants Fossen Spiseri werden die verschiedensten Zubereitungsarten des Edelfischs zelebriert

den besten Lachsflüssen des Landes. Das größte bisher im Namsen geangelte Exemplar des Edelfischs wog 31,5 kg! Am **Fiskumfossen**, 13 km nördlich von Grong, ist dem Lachs in beeindruckender Landschaft – der Namsen stürzt hier 34,5 m in die Tiefe – das **Namsen Laksakvarium** und eine kleine Ausstellung (Juni–Mitte Aug. tgl. 11–17 Uhr, Juli tgl. 10–18 Uhr) gewidmet. Hier kann man sich stundenweise als Lachsangler versuchen. Im Preis sind Ausrüstung und alle Angelgenehmigungen enthalten. Im Restaurant Fossen Spiseri werden Lachsgerichte und ein hervorragendes kaltes Lachsbuffet serviert (Tel. 74 31 27 00).

Rund 60 km weiter erreicht die E 6 bei **Trones** den **Namsskogan Familiepark** (Mitte Juni–Mitte Aug. tgl. 10–19 Uhr) mit Elchen, Rentieren und Bären, ferner Dachsen, Damwild u. v. m.

Die weitere Strecke bis Mosjøen führt durch eine reizvolle, einsame Gegend. Hinter *Smalåsen* passiert man die Grenze zwischen Nord-Trøndelag und dem Nordland, die durch die **Nord-Norge Porten**, ein stilisiertes, quer über die E 6 gespanntes Polarlicht, markiert ist (Parkplatz, Touristeninformation). Ein einzigartiges Naturschauspiel bietet rund 90 km weiter der Wasserfall **Laksfors** 600 m abseits der E 6: 700 m³ Wasser stürzen pro Sekunde 17 m hinab. Wer etwas Geduld aufbringt, kann hier immer wieder Lachse springen sehen bei ihrem Versuch, die Felsbarriere gegen die Wassermassen zu

überwinden. Vom Panoramacafé hat man einen herrlichen Blick auf den tosenden Wasserfall und auf die Angler, die am Ufer oder vom Boot aus ihr Glück versuchen.

In der Industriestadt **Mosjøen** am Vefsnfjord wurde das alte Viertel um die ehem. Hauptstraße Sjøgata als größtes zusammenhängendes *Holzensemble* Nordnorwegens unter Denkmalschutz gestellt. Die bunt gestrichenen Kaufmannshäuser aus dem 19. Jh. wurden ebenso restauriert wie die auf Stelzen stehenden Boots- und Lagerhäuser, die die Bauern aus der Umgebung während der Saisonfischerei benutzten.

Die weitere, schöne und flott befahrbare Strecke führt über das 550 m hohe **Korgfjell**, dessen Bergbäche, Moore und Fjellbirken im Sonnenlicht eine Sinfonie in Farbe aufführen. Jahrhundertelang war das raue Korgfjell eine natürliche Barriere: Die deutsche Besatzung ließ im Zweiten Weltkrieg Straße und Eisenbahntrasse übers Fjell nach Narvik von jugoslawischen und russischen Gefangenen bauen. Von der Passhöhe Korgfjell hat man einen schönen Blick auf den *Okstinden-Gipfel* im Osten und den Svartisen-Gletscher im Norden.

Mo i Rana, die ›Industriestadt unter dem Polarkreis‹ am Ende des Ranfjords, war vor dem Krieg ein kleiner Ort, der sich allmählich aus dem Handelszentrum einer Familie Meyer entwickelt hat. Ende des

19. Jh. wurde Mo durch den Abbau der Eisenerzvorkommen im Dunderlandsdal zur Bergwerksstadt.

Einen Eindruck vom alten Mo i Rana gibt das kleine Stadtviertel **Moholmen**, eine Idylle am Meer mit liebevoll restaurierten alten Wohnhäusern und dem *Naturhistorischen Museum* (Di–Fr 10–15 Uhr, Mitte Juni–Mitte Aug. zusätzlich Do 18–21 und Sa 10–15 Uhr), in dem ausgestopfte Tiere gezeigt werden .

Die eigentliche Touristenattraktion liegt jedoch rund 30 km nördlich: Die Gletscherzunge *Østerdalsbreen* von Norwegens zweitgrößtem Gletscher **Svartisen** (370 km²) wirft hier die merkwürdigsten Spalten und Risse auf. Der *Svartisen*, der seinen Namen (Schwarzes Eis) den Sand-, Staub- und Schmutzablagerungen verdankt, ist in den letzten Jahrzehnten stark abgeschmolzen und hier im öst-

Saltstraumen – ein Dorado für Sportangler

Einer der größten Mahlströme der Welt liegt 33 km südlich von Bodø. Ein 150 m schmaler und 3 km langer Sund verursacht dieses Naturschauspiel, das bei Voll- und Neumond besonders eindrucksvoll ist. Die Wassermassen, die auf den Ausgleich zwischen Ebbe und Flut drängen, werden alle sechs Stunden mit einer Geschwindigkeit von 30–40 km/Std. durch die Meerenge gepresst. Das Meer wird zu einem brodelnden Strom mit enormen **Strudeln** und schäumenden Wirbeln, gefährlich für die Schifffahrt. Große Mengen Plankton und kleinere Fische werden mit dem auflaufenden Wasser in den Fjord geschwemmt, gefolgt von Schwärmen von Dorschen, Seelachsen, Steinbeißern und anderen Fischen. Ergiebige und bequeme **Angelplätze** findet man am Ufer im Bereich der Brücke.

Das 1996 eröffnete Erlebniszentrum **Saltstraumen Opplevelsessenter** (Mai–Aug. tgl. 10–18 Uhr, Juli–Mitte Aug. tgl. 9–20 Uhr, Sept. Sa/So 12–18 Uhr, Tel. 75 56 06 55), informiert über aktuelle Strömungsdaten, die Kulturgeschichte der Region sowie das Leben unter Wasser und stellt den jeweils größten hier gefangenen Fisch aus.

lichen Teil noch gefährlicher geworden. Vor Gletschertouren in eigener Regie wird daher dringend gewarnt.

Auf dem Weg zum Gletscher, der ca. 10 km hinter Mo i Rana zum Svartisvatnet abzweigt, liegt die **Grønligrotte**, die bekannteste der Grotten im kalkhaltigen Rana-Gebiet, mit glitschigem Fels, Höhlenbach, verwinkelten Gängen, Gletschermühlen und elektrischem Licht. Zur Saison ab ca. Mitte Juni werden stündlich etwa 40-minütige Führungen angeboten, die auch für Kinder geeignet sind.

ℹ️ Praktische Hinweise

Information: Polarsirkelen Reiseliv, Olsensgate 2, Mo i Rana, Tel. 75 13 92 00, Fax 75 13 92 09, www.arctic-circle.no

Kartenbestellung für ›Spelet om Heilag Olav‹ bei Stiklestad Nasjonale Kultursenter, Verdal, Tel. 74 04 42 00, Fax 74 04 42 10, www.stiklestad.no

Hotel

Meyergården Hotell, O.T. Olsensgate 24, Moi i Rana, Tel. 75 13 40 00, Fax 75 13 40 01, www.meyergarden.no. Sehr stilvolles Hotel mit Restaurant im ehem. Palais der Familie Meyer, die hier das Handelsprivileg hatte und 1860 den Ort erwarb. Wunderschöne Zimmer im alten Teil oder moderner Komfort im neuen Flügel.

30 Über den Polarkreis nach Bodø

Ins Land der Mitternachtssonne.
Polarkreis – Rognan – Fauske – Bodø

Die E 6 und die Nordlandsbanen, die Eisenbahnlinie von Trondheim nach Bodø, führen von Mo i Rana durch das liebliche, bewaldete Dunderlandsdal auf das karge Saltfjell, eine grandiose, einsame und steinige Hochfläche in 700 m Höhe, in der bis in den Sommer hinein große Schneefelder liegenbleiben. In dieser unendlichen Weite markieren Steinsäulen mit Globus den **Polarkreis**. Er ist eine imaginäre Linie auf dem 66° 33' Breitengrad: Hier bleibt die Sonne vom 23. auf den 24. Juni exakt für 24 Stunden am Himmel. Genau auf dem Polarkreis wurde das **Polarsirkel-Senter** (Mai–Mitte Sept. tgl. 10–18 Uhr, Juli/Aug. länger; Info-Tel. 75 12 96 96, www.polarsirkelsenteret.no) erbaut, in

Auf der Grenzlinie zwischen der gemäßigten Zone der Erde und der nördlichen Polarzone steht das Informationszentrum Polarsirkel-Senter

dem eine Ton-Bild-Schau und Ausstellung über Nordnorwegen informieren und Besucher sich den beliebten Polarsirkel-Stempel aushändigen lassen.

Immer wieder erinnern Gedenksteine entlang der E 6 an jugoslawische, russische und polnische Gefangene, die 1942–45 hier Straße und Eisenbahn bauen mussten. ›Blutstraße‹ nannten die Gefangenen selbst diese Strecke. Das *Blodveimuseet* (Mitte Juni–Mitte Aug. Mo–Fr 9.30–15.30, Sa 13–16, So 13–18 Uhr) beim Ort **Rognan** (ca. 2 km östlich vom Zentrum beim Freilichtmuseum Saltdal) ist diesem düsteren Kapitel deutscher Geschichte gewidmet.

In **Fauske** steigen Bahnreisende, die weiter nach Norden fahren, in den Nordnorwegen-Bus um, der in Kirkenes endet, der Stadt an der russischen Grenze. Die Marmorbrüche liefern hier einen besonders schönen rötlichen Stein, aus dem der *Marmorplatz* im Zentrum von Fauske sowie das Gebäude der Vereinten Nationen in New York gestaltet wurden.

Bodø, das Sprungbrett zu den Lofoten, liegt landschaftlich schön am Saltenfjord. Im Hafen tummeln sich Fischkutter, Handelsschiffe, Fähren und Motoryachten. Bis die Heringsfischerei im 19. Jh. einen Aufschwung brachte, lebten hier nur 200 Menschen. Am 27. Mai 1940 wurde die Hauptstadt des Nordlands von deutschen Bombern zerstört, nach dem Krieg entstand das heutige, nüchtern-moderne Ortsbild mit dem großen *Dom* von 1956. Gegenüber befindet sich das **Nordlandsmuseet** (Di–Fr 9–15 Uhr), zu dem auch der Freilichtbereich in *Bodøsjøen*, 2 km südöstlich vom Zentrum, mit Wohn-

und Bootshäusern und einer interessanten Bootssammlung gehört. Die nahe **Bodin Kirke** (Mitte Juni–Mitte Aug. Mo–Fr 10–15 Uhr) geht auf das 13. Jh. zurück und besitzt eine hübsche barocke Altartafel sowie eine Renaissance-Kanzel.

In der Olav V. gate im südlichen Stadtbereich wurde 1994 das **Norsk Luftfartsmuseum** (Mitte Juni–Mitte Aug. So–Fr 10–19 Uhr, Sa 10–17 Uhr; Vor- und Nachsaison Mo–Fr 10–16, Sa/So 11–17 Uhr) eröffnet, das in Form eines riesigen Propellers gestaltet ist. In dem Zentrum kann man sich über die Entwicklung der zivilen und militärischen Luftfahrt informieren, auf den einstigen Flughafen-Kontrollturm steigen oder im *Mitfliegersimulator* ›abheben‹.

Mehrere Steinsockel mit Globus kennzeichnen den Verlauf des Polarkreises

Ausflüge

Bei gutem Wetter lohnt der Ausflug zum 3 km nordöstlich des Zentrums gelegenen Aussichtspunkt **Rønvikfjell** (150 m), der einen wunderschönen Blick über Stadt und Inselwelt bis zur spitz aufragenden Lofotenwand bietet. Bei klarem Himmel kann man hier die Mitternachtssonne beobachten oder schöne Spaziergänge auf dem Fjell unternehmen.

Ein Ausflug zum alten Handelsplatz **Kjerringøy** (Mitte Mai–Ende Aug. mehrmals tgl. Führungen) führt 40 km lang durch faszinierende Fjell-Landschaft mit kleinen Seen und rund geschliffenen Felsen über die Küstenstraße 834 (mit kurzer Fährüberfahrt). *Knut Hamsun* hat Kjerringøy mit seinem Roman ›Benoni und Rosa‹ unter dem Namen Sirilund berühmt gemacht. Malerisch liegt das Ensemble alter *Holzgebäude* aus dem 19. Jh. am Meer vor bewaldeten Bergkuppen und spitzen Gipfeln.

Über weitere Ausflüge, z. B. zur Gletscherzunge *Enga* des **Svartisen-Gletschers**, über Hochseeangelfahrten, Wandermöglichkeiten in den Küstenbergen, zum Lachsangeln auf den **Salmon Islands** südwestlich von Bodø oder zu den Vogelinseln **Røst** und **Værøy** [s. S. 105] informiert das Touristenbüro in Bodø.

ℹ Praktische Hinweise

Information: Destinasjon Bodø, Sjøgata 21, Bodø, Tel. 75 54 80 00, Fax 75 54 80 01, www.bodoe.com

Mitternachtssonne: 2. Juni–10. Juli

Hotels

Saltstraumen Hotel, Kaplund, Saltstraumen (33 km südlich von Bodø), Tel. 75 50 65 60, Fax 75 58 75 70, www.saltstraumen-hotel.no. Schön gelegenes Hotel am Gezeitenstrom mit bekannt guter Küche.

Skagen Hotel, Nyholmsgate 11, Bodø, Tel. 75 51 91 00, Fax 75 51 91 01, www.skagen-hotel.no. Modernes Hotel in zentraler Lage.

31 Auf der Küstenstraße nach Narvik

Knut Hamsuns Reich der Inspiration und die aufstrebende Erzstadt Narvik.

Kjelvik – Tømmernes – Hamarøy – Narvik

Wer nicht den Weg über die Lofoten [Nr. 32] nach Narvik wählt, sondern der E 6

Faszination Nordland: Zwischen Fauske und Narvik wirkt das Land einsam, gewaltig und unberührt

folgt, erlebt das **Nordland** von seiner schönsten Seite: Meer und Gebirge scheinen fast nahtlos ineinander überzugehen. Gewaltige *Wasserfälle* stürzen von schroffen Steilwänden, *Schneefelder* und vergletscherte *Gipfel* blitzen in der Ferne, unzählige *Seen* locken zum Angeln und an warmen Sommertagen die Norweger zum Baden.

Nördlich von Fauske erreicht man in unmittelbarer Nähe der E 6 den alten

Knut-Hamsun-Denkmal auf Hamarøy

Häuslerhof **Kjelvik**, der für Besucher geöffnet wurde. Dieser liebevoll restaurierte Hof lässt uns Mitteleuropäer ahnen, wie die Pachtbauern im Nordland lebten: Fischfang, Holzverkauf, Jagd und ein paar Haustiere sicherten den Lebensunterhalt. 1967 verließ der letzte Bewohner Kjelvik. In den Sommermonaten werden Führungen veranstaltet und wie früher *Lefse* (Pfannkuchen) oder der leckere Rahmbrei *Rømmegrøt* serviert. Ein schöner Spaziergang führt auf dem Fjordpfad hinunter ans Meer (ca. $1/2$ Std.), an dem ursprünglich ein Bootshaus stand.

Ein weiterer Halt lohnt sich bei **Tømmernes** beim Abzweig der Strecke nach Steigen: Hier sind etwa 7000 Jahre alte *Felszeichnungen* von Rentieren bequem zugänglich (Park- und Picknickplatz).

Wenig später erreicht man die Straße 81 auf die Insel **Hamarøy**, wo der Dichter *Knut Hamsun* seine Kindheit und Jugend verbrachte. Als er drei Jahre alt war, verließ seine Familie den Ort Garmo [s. S. 84] nahe des Gudbrandsdals, um den Hof **Hamsund** zu bewirtschaften. Die grandiose Natur des Nordlands bildet den Hintergrund für das literarische Werk Knut Hamsuns. 1879 verließ er Hamarøy, 1911 kehrte er zurück, um den Hof **Skog-**

heim zu übernehmen. Sein Elternhaus in Hamsund kann besichtigt werden, in Skogheim wurde ein internationales *Hamsun-Zentrum* eingerichtet, und alle zwei Jahre (2006, 2008 etc.) werden im August die ›Hamsun-Tage‹ mit Ausstellungen, Konzerten und Vorträgen veranstaltet.

Die Hafenstadt **Narvik** ist im Sommer ein wichtiges Touristenzentrum und eine Drehscheibe im Norden. Hier endet die berühmte Ofotbahn aus Schweden, zweigt die Strecke zu den Vesterålen und Lofoten ab. Ein Wegweiser im Zentrum informiert, dass man 739 km vom Nordkap, 1453 km von Oslo und 2007 km von Hamburg entfernt ist.

Narvik war um die Jahrhundertwende ein unbedeutendes Fischerdorf. Die Entwicklung zur Stadt begann erst mit der Eröffnung der *Ofotbanen* 1903, die das Erz aus dem schwedischen Kiruna zum Hafen Narvik brachte. Dort konnte es ganzjährig verschifft werden. Den Eisenbahnarbeitern, ›rallaren‹, die in gefährlicher und harter Arbeit die Linie über das Hochfjell bauten, wurde in Narvik ein Denkmal gesetzt. Noch heute rollen auf der landschaftlich traumhaft schönen Strecke unzählige Waggons mit den kleinen Erz-Pellets und im Sommer Scharen von Urlaubern zum nördlichsten Bahnhof in Norwegen.

Im Zweiten Weltkrieg wurde die Stadt bei schweren Gefechten zwischen Deut-schen und Alliierten fast völlig zerstört. Nach dem Krieg erhielt sie ihr heutiges, nüchternes **Erscheinungsbild**, aber die schöne Lage am sich verzweigenden Ofotfjord und die herrliche Bergkulisse ringsum gleichen das aus.

Vom 656 m hohen Hausberg **Fagernesfjell** (Gondelbahn im Sommer bis nach Mitternacht) hat man einen einmaligen Blick auf Stadt, Erzverladehafen, Ofot- und Nachbarfjorde, an klaren Tagen bis zu den Lofotbergen. Interessant ist eine Führung durch den modernen **Erzverladehafen** der Gesellschaft LKAB (1,5 Std., Mitte Juni–Mitte Aug. 15 tgl. ab Haupteingang) oder ein Besuch des **Ofoten Museums** (Mo–Fr 10–15 Uhr, Mitte Juni–Mitte Aug. auch Sa/So 12–15 Uhr) mit Gebrauchsgegenständen und Utensilien der Fischerei in den Parkhallen.

Den Kriegsereignissen im Kampf um Narvik ist das **Nordland Røde Kors Krigsminnemuseet** (Juni–Mitte Aug. Mo–Sa 10–21, So 12–18 Uhr, Mai–Mitte Sept. Mo–Sa 10–16, So 12–16 Uhr, sonst Mo–Fr 11–15 Uhr) am Marktplatz im Zentrum gewidmet.

Ein landschaftlich sehr schöner Ausflug führt mit der **Ofotbanen** hinauf aufs *Bjørnfjell* an der schwedischen Grenze (42 km). Langsam schnauft die Bahn entlang des Rombaksfjords durch unzählige Tunnels hoch auf die baumlose Hochfläche, die mit Seen und bunten Ferienhäuschen gespickt ist. Auf dem 514 m hohen Bjørnfjell lassen sich lange Wanderungen unternehmen. Wer auf dem nördlichsten Golfplatz der Welt sein Handicap verbessern möchte, kann dies auf dem 18-Loch **Skjomen Golfpark** tun.

Weit von Zuhause: Spätestens im Zentrum von Narvik wird man sich der Entfernung vom heimischen Herd bewusst

ℹ Praktische Hinweise

Information: Turistinformasjon, Kongensgate 26, Narvik, Tel. 76 96 56 00, Fax 76 96 56 09, www.narvikinfo.no
Mitternachtssonne: 25. Mai–18. Juli

Hotels

Radisson SAS Grand Royal Hotel, Kongensgate 64, Narvik, Tel. 76 97 70 00, Fax 76 97 70 07, www.radissonsas.com. Großes Hotel in zentraler Lage mit Restaurant und Nachtklub.

Nordlandia Narvik Hotell, Skistuaveien 8, Narvik, Tel. 76 96 48 00, Fax 76 96 48 08, www.norlandia.no. Ordentliches Hotel bei der Talstation der Gondelbahn.

Ein malerischer Anblick, liebevoll restauriert: Die Holzhäuser am Hafen von Nusfjord stehen auf der UNESCO-Liste erhaltenswerter Kulturdenkmäler

32 Lofoten

Spitze Gipfel im Meer, idyllische Fischer-orte – der ›Stockfisch-Archipel‹.

Å – Reine – Nusfjord – Borg – Henningsvær – Kabelvåg – Svolvær

Vor der Küste zwischen Bodø und Narvik liegen die Lofoten, eine ca. 170 km lange Inselkette im Atlantik, die zu den faszinie-rendsten Partien der norwegischen Küste gehört. Bis zu 1000 m erreichen Zacken und Tinde, von Graten, Schluchten und Karen durchzogen, manche bis in den Sommer schneebedeckt. Im Schutz der steilen **Lofotenwand** liegen pittoreske kleine Fischerdörfer, in denen sich der Geruch von getrocknetem Dorsch mit dem von Meer und Tang vermischt. Bun-te **Holzhäuser** scheinen sich an Schären und Küste festzukrallen, daneben unzäh-lige Fischtrockengestelle, die im Sommer jedoch kaum belegt sind. In den kleinen **Häfen** liegen Fischkutter vor blutrot ge-strichenen Rorbuer, einfachen Fischer-hütten auf Stelzen im Wasser, die im Sommer an Urlauber vermietet werden. In sanft geschwungenen Buchten ent-deckt man traumhaft weiße **Sandsträn-de**, türkisblaues und glasklares Wasser und Kolonien von **Möwen**, deren schar-fer Schrei den Touristen überall auf den

Lofoten von morgens bis abends beglei-tet.

Ganz im Süden des Archipels, von den übrigen Inseln durch die Wasser des Mo-skenesstraumen getrennt, den schon Ju-les Verne und Edgar Allen Poe beschrie-ben haben, liegen die kleinen In-seln **Røst** und **Værøy**, die wegen ih-rer Vogelkolonien (Papageientau-cher) von Ornithologen und Vogelfreu-den besucht werden.

Wanderern, Kletterern, Anglern und Fahrradfahrern bieten die Lofoten fast unbegrenzte Möglichkeiten – bei ent-sprechender Bekleidung. Wenn auch die Wintertemperaturen selten unter den Gefrierpunkt sinken, muss man im Som-mer mit raschem Wetterwechsel, Nebel, frischer Brise, viel Regen und kalten Ta-gen rechnen.

Die schönste Zufahrt zu den Lofoten ist mit dem Schiff von Bodø nach *Moskenes*, bei gutem Wetter eine traumhafte, wenn auch bewegte Überfahrt.

Å heißt das südlichste idyllische Fi-scherdorf der Lofoten, seit 1843 in Besitz der Familie Ellingsen, nun unter Denk-malschutz. In dem kleinen *Fiskeværs-museum* (Mitte Juni–Mitte Aug. tgl. 10–18 Uhr, sonst Mo–Fr 10–15.30 Uhr) mit einer Trankocherei, Schmiede und Bäckerei

Die Lofot-Fischerei

Die Jagd galt und gilt dem **arktischen Dorsch** – jungem Kabeljau –, der zwischen Januar und April zum Laichen aus der Barentssee in den Vestfjord kommt, während der Küstendorsch das ganze Jahr über gefangen wird. Getrocknet, als **Stockfisch**, war der Dorsch lange wichtigster Exportartikel des Landes, der besonders in die Mittelmeerländer verkauft wurde. Im 19. Jh. erreichte die Lofot-Fischerei ihren Höhepunkt, doch während 1947 noch 20 000 Fischer aus ganz Nordnorwegen an der **Saison** im Winter teilnahmen, sank die Zahl Ende der 80er-Jahre des 20. Jh. auf 2000. Heute hat neben der Kabeljau-Fischerei die Fischzucht an Bedeutung gewonnen.

wird im Sommer köstliches Brot gebacken. Das *Stockfisch Museum* (Mitte Juni–Mitte Aug. tgl. 11–17.30 Uhr, 1. Juni- und 2. Augusthälfte Mo–Fr 11–16 Uhr) ergänzt die Lofotkunde.

Die schönste Lage vor majestätischer Bergkulisse hat das Dorf **Reine** am Kirkefjord. Malerisch gruppieren sich die roten Rorbuer und Holzhäuser um das große runde Becken. Weithin bekannt sind die klassischen *Sommerkonzerte* in der Kirche. Leckere Fischgerichte werden in dem urig rustikalen Restaurant *Gammelbua* (Tel. 76 09 22 22) serviert. Benachbart liegt das verträumte **Hamnøy**, in dem direkt neben der Straße eine *Dreizehen-*

möwenkolonie brütet, und einige Kilometer weiter **Ramberg**, das einen schönen sichelförmig geschwungenen Sandstrand besitzt. Hier empfiehlt sich ein Abstecher nach **Nusfjord**. Nirgends sonst in Nordnorwegen hat sich die Atmosphäre eines Fischerdorfs so authentisch erhalten. Das Ensemble steht unter Denkmalschutz, im Lagerhaus am Kai wird noch Stockfisch gebündelt.

Wieder auf der Hauptverbindungsstraße E 10 erreicht man **Borg**, wo 1986–89 der bisher größte Häuptlingssitz Norwegens aus der Wikingerzeit ausgegraben und originalgetreu im **Lofotr Vikingmuseet** (tgl. 11–17 Uhr) rekonstruiert wurde. Der 83 m lange und 9 m breite Hof wurde vermutlich um 500 n. Chr. erbaut und um 900 n. Chr. verlassen. In der liebevoll gestalteten *Ausstellung* erfährt man u. a., dass die Wikingerhäuptlinge zusammensteckbare Betten besaßen und auf Stroh und Daunen schliefen. Nach Wikingerart arbeiten *Handwerker* in damaliger Bekleidung. Ein Spaziergang führt hinunter ans Meer zum Drachenschiff *Lofotr*, das zu einer Bootsfahrt bereit liegt.

Bei schönem Wetter lohnt ein Abstecher zum Strand von **Haukland**, der sich mit zwei makellos weißen Sandbuchten wie aus einem Fernreiseland-Prospekt präsentiert und ein idyllischer Aussichtspunkt für die Mitternachtssonne ist.

Das malerische **Henningsvær** wird auch ›Venedig des Nordens‹ genannt. Erst seit 1983 durch zwei Brücken mit dem Festland verbunden, hat es sich in den letzten Jahren zu einem Touristenzentrum entwickelt. Im urigen *Kafe Trandamperi* direkt am Wasser wird kein Tran mehr gekocht, sondern serviert man Lofotspezialitäten wie Fischsuppe und das Fischgericht Baccalao.

Das benachbarte **Kabelvåg** war im 19. Jh. der bedeutendste Fischerort der Lofoten. Hier hat man König Øystein ein Denkmal gesetzt, der um 1120 die ersten Rorbuer (Fischerhütten) und 1103 eine Kirche in Vågan bauen ließ. Sehenswert ist das 1 km südlich vom Ort gelegene **Lofotakvarlet** (Juni-Aug. tgl. 10–19 Uhr, Mai tgl. 11–15 Uhr, sonst So–Fr 11–15 Uhr), in dem man die Fische des Nordatlantiks aus nächster Nähe beobachten kann. Ein Blick empfiehlt sich auf die Exemplare im *Großfischaquarium* wie den Heilbutt, der bis zu 300 kg schwer werden kann, den Steinbutt mit bis zu 25 kg oder den Dorsch mit bis zu 50 kg. Besonders drollig

Badefreuden am Strand von Haukland – nicht nur für Hartgesottene ein Vergnügen

sind die *Seehunde* im Außenbecken. Das **Lofotenmuseum** (Juni–Aug. tgl. 9–18 Uhr, sonst Mo–Fr 9–15 Uhr), ein Regionalmuseum im ehem. Wohnhaus des ›Dorfkönigs‹, gibt einen geschichtlichen Überblick über den Lofot-Fischfang. **Svolvær**, die Hauptstadt der Lofoten, ist von Februar bis April das Zentrum der Lofot-Fischerei und auch Verkehrsdrehscheibe der Inselgruppe. Weniger das Stadtbild als die umgebenden Berge, wie die viel fotografierte *Svolværgeiß* (569 m), zwei Felsnadeln im Fløyfjell, machen den Reiz aus. Svolvær ist auch eine Stadt der Künstler: Im *Nordnorwegischen Künstlerzentrum* und in anderen Galerien werden

Verträumter Ausblick: Die kleine Lofotinsel Skrova ist ein regelmäßiger Haltepunkt der Fähre von Svolvær nach Skutvik auf Hamarøy

Wikingermuseum Lofotr: Bunte Ausstellungsgebäude säumen das gigantische Haupthaus des einstigen Häuptlingssitzes in Borg

Dauer- und Wanderausstellungen gezeigt.

Beliebt sind Ausflugsfahrten in den **Trollfjord**, einen 2 km langen und nur 80 m breiten Fjord im Raftsund. Er lieferte den Rahmen für *Johan Bojers* Roman ›Der letzte Wikinger‹, in dem der Autor die Schlacht im Trollfjord beschreibt, zu der es aufgrund von Meinungsverschiedenheiten zwischen Fischern und Dampfschiffbesitzern gekommen war.

ℹ️ Praktische Hinweise

Information: Turistkontor (zwischen Hurtigruten-Anleger und Marktplatz), Svolvær, Tel. 76 06 98 00, Fax 76 07 30 01, Internet: www.lofoten-tourist.no

Mitternachtssonne: 27. Mai–17. Juli

Schiff
Auto-Fährverbindungen zum Festland bestehen von Bodø nach Moskenes, von Skutvik nach Svolvær und von Bognes nach Lødingen. Zudem laufen die Schiffe der **Hurtigruten** die Lofoten und Vesterålen an, gibt es (Personen-) Schnellbootverbindungen u. a. von Bodø und Narvik aus.

Hotels
Å-Hamna Rorbuer, Sørvågen, Tel. 76 09 12 11, Fax 76 09 11 14, www.rorbuer-as.no. Rorbu-Unterkunft und freundliches Restaurant mit herrlichem Blick über die Bucht.

Henningsvær Bryggehotel, Henningsvær, Tel. 76 07 47 50, Fax 76 07 47 30, www.henningsvaer.no. Elegantes Hotel am Hafen von Henningsvær.

TOP TIPP **Nusfjord Rorbuanlegg**, Ramberg, Tel. 76 09 30 20, Fax 76 07 20 01, www.rica.no. In der Nähe der umgebauten und modernisierten Fischerhütten ist viel Abwechslung geboten: Bootsvermietung, Wanderwege und Hochseeangelfahrten.

Rica Hotel Svolvær, Lamholmen, Svolvær, Tel. 76 07 22 22, Fax 76 07 20 01, www.rica.no. Modernes Hotel auf Stelzen im Meer in Zentrumsnähe.

Restaurant
Fiskekrogen, Henningsvær (Hafen), Tel. 76 07 46 52. Eines der besten Fischrestaurants der Lofoten (Okt.–Febr. nur Gruppen nach Voranmeldung).

33 Vesterålen

Fischerdörfer, Vogelfelsen und Walsafari.

Melbu – Stokmarknes – Langøya – Andøya

Die Inselgruppe Vesterålen schließt unmittelbar an die Lofoteninseln an. Sie ist weitläufiger, neben spitzen Tinden findet man rund geschliffene Kuppen, Moorgebiete, fruchtbare Ebenen und schöne Sandstrände. 32 500 Menschen leben auf den durch Brücken verbundenen Inseln noch immer vorwiegend von der Fisch verarbeitenden Industrie.

Von Süden kommend erreicht man zuerst die kleine *Hadseløya* mit den Orten **Melbu**, das durch seine Kulturwoche ›Sommer Melbu‹ mit Konzerten, Seminaren und Ausstellungen in der zweiten Julihälfte stets überregionale Aufmerksamkeit weckt, und **Stokmarknes**, wo die Hurtigruten-Schifffahrt ihren Anfang nahm. Der alten Postschiffroute, die noch immer die norwegische Küste von Bergen bis nach Kirkenes im Linienverkehr bedient, ist das **Hurtigrutenmuseum** (Mitte Juni–Mitte Aug. tgl. 10–18 Uhr, sonst Mo–Fr 14–16, Sa 12–16 Uhr) gewidmet. Wer einmal die Atmosphäre der ›schönsten Schiffsreise der Welt‹ schnuppern möchte, kann als Passagier die kurze Strecke von Stokmarknes südwärts nach Svolvær buchen, die es zudem ermöglicht, den berühmten Trollfjord zu erleben. Die Rückreise erfolgt per Bus.

Über die 33 m hohe Hadselbrücke erreicht man die Nachbarinsel **Langøya**, auf der der alte Handelsplatz **Jennestad** 10 km nordwestlich von Sortland mit einem urigen alten Kramladen (Mitte Juni–Mitte Aug. Di–Fr 11–17, Sa/So 12–17 Uhr) und das verlassene Fischerdorf **Nyksund** ganz im Norden einen Besuch lohnen. In den 1970er-Jahren wanderten die letzten Bewohner ab und Nyksund verfiel, bis in den 1980er-Jahren engagierte junge Leute den Charme dieses abgelegenen Nests entdeckten und einige Häuser wieder instand setzten.

Ein markierter Wanderweg führt von Nyksund zum Fischerort **Stø**, in dem

Nicht nur Ornithologen haben an ihnen ihre Freude: Papageientaucher auf Bleiksøya

auch Foto-Walsafaris angeboten werden. Hübsch sind auch die kleinen Fischerdörfer **Hovden**, **Nykvåg** und **Steine** im Westen der Insel, wo man Rorbu-Ferien abseits von Hektik und Trubel verbringen kann.

TOP TIPP Die nördlichste Insel der Vesterålen, **Andøya**, ist landschaftlich sehr abwechslungsreich. Das gezackte Inselfjell bildet einen schönen Kontrast zu den ausgedehnten Mooren, wo große Mengen von Moltebeeren, die köstlichen orange-gelben arktischen Brombeeren, wachsen. Ornithologen schätzen die Insel als Brutgebiete von *Basstölpeln* (nahe Nordmela) und *Papageientauchern*. Zum

Auf Walsafari mit Mitarbeitern des Walzentrums Andenes: nicht der Jagd wegen, sondern um die Riesensäuger besser kennen zu lernen

Aurora Borealis – Faszination Nordlicht

Die einzigartige Erscheinung des Nordlichts, grün-gelbe oder rötlich-violette, sich flackernd am Himmel bewegende Lichtbänder, erlebt man am besten in klaren Winternächten von Februar bis April. Das Nordlicht, auch Polarlicht genannt, entsteht, wenn positiv oder negativ geladene elektrische Partikel des Sonnenwinds in einer Höhe von 100–300 km auf neutrale Gaspartikel in der Erdatmosphäre treffen. Die frei gesetzte Energie erscheint als Licht. Je weiter man sich dem Pol nähert, desto intensiver werden diese Himmelsphänomene. Denn am Pol verläuft das Magnetfeld senkrecht zur Erdoberfläche.

Vogelfelsen Bleiksøya vor Bleik werden Bootsfahrten veranstaltet. Hauptattraktion der Insel ist jedoch die **Walsafari**, die im nördlichsten Ort der Vesterålen veranstaltet wird. Das Meer vor **Andenes** ist ein guter Standort, um Pottwale zu beobachten. ›Moby Dick‹ ist der größte Vertreter der Zahnwale, er kann bis zu 20 m lang und 60 t schwer werden. Zwischen 25. Mai und 15. Sept. werden täglich vier- bis fünfstündige Fahrten angeboten, wenn es die Wetterverhältnisse erlauben. Warme Kleidung ist ratsam und seefest sollte man auch sein. Die Wahrscheinlichkeit, Wale zu sehen, liegt bei 95 %. Sollte wider Erwarten kein Pottwal auftauchen, darf man die Tour kostenlos wiederholen. Das Walzentrum **Hvalsenter Andenes** (tgl. 8–16 Uhr, Mitte Juni–Mitte Aug. 8.30–19 Uhr), das die Touren organisiert, zeigt zudem eine interessante Ausstellung über Körperbau, Lebensweise, Sozialverhalten und Kommunikation der Riesensäuger, ihre Erforschung und den Walfang.

Es lohnt auch der Besuch des *Leuchtturms* und des **Polarmuseet** (Mitte Juni–Mitte Aug. tgl. 10–18 Uhr), das aus einer Sammlung des Spitzbergen-Überwinterers *Hilmar Nøys* entstand. Im **Hisnakul Natursentrum** (Juni–Sept. tgl. 10–18 Uhr) erfährt man viel über Nordlicht, Fischfang, Geologie und Ornithologie. Hochseeangelfahrten, Tauchkurse, Fahrrad- und Bootsverleih sowie Reitmöglichkeiten runden das touristische Angebot ab.

ℹ️ Praktische Hinweise

Information: Andøy Turistinformasjon, Hamnegata 1c, Fyrvika, Andenes, Tel. 76 14 18 10, Fax 76 14 76 20, www.andoyturist.no

Die **Fährverbindung** von der Insel Andøya zur Insel Senja verkürzt die Strecke nach Tromsø erheblich.

Walbeobachtung

Die **Walsafari** beim Walzentrum Andenes kann unter Tel. 76 11 56 00, Fax 76 11 56 10, www.whalesafari.com, gebucht werden. Rechtzeitige Vorbestellung empfehlenswert.

Hotels

Norlandia Andrikken Hotel, Storgata 53, Andenes, Tel. 76 14 12 22, Fax 76 14 19 33, www.norlandia.no. Komforthotel in zentraler Lage. Restaurant und Bar im Haus.

Norlandia Lankanholmen Apartments, Storgata 53, Andenes, Tel. 76 14 12 22, Fax 76 14 19 33, www.norlandia.no. Moderne Apartments direkt am Hafen.

34 Tromsø *Plan Seite 112*

›Paris des Nordens‹.

Die E 6 von Narvik nach Tromsø führt durch einsame Natur, vorbei an Bergseen, Lachsflüssen und Birkenwäldern: Genau die richtige Szenerie für den **Dyreparken Polar Zoo** (Hauptsaison tgl. 9–18 bzw. 20 Uhr) 70 km nördlich Narvik nahe *Fossbakken*. In dem Wildtierpark leben die vier großen Polar-Raubtiere Wolf, Luchs, Braunbär und Vielfraß, ferner Moschusochsen, Rentiere und Rothirsche in ausgedehnten Gehegen in ihrer natürlichen Umgebung.

›Pforte zum Eismeer‹ wird **Tromsø** auch genannt. Die Stadt hat sich in den letzten Jahrzehnten zu Nordnorwegens wichtigstem Zentrum entwickelt. Sie liegt auf einer Insel und ist über elegante Brücken mit dem Festland und der Insel Kvaløya verbunden.

Geschichte Schon seit Jahrtausenden leben hier Menschen, wie Siedlungsspuren und Felszeichnungen beweisen. 1252 wurde an der Küste eine kleine Kirche erbaut. 1794 erhielt Tromsø Stadtrechte. Den wirtschaftlichen Aufschwung bewirkten Heringsschwärme im 19. Jh. und der Walfang. Aus Tromsø starteten zahlreiche **Polarexpeditionen** mit berühmten Forschern wie Nansen, Andrée und Amundsen, dem am Kai nahe der Anlegestelle der Hurtigruten ein Denkmal gesetzt wurde. Heute ist Tromsø eine junge,

Lebendig wie am helllichten Tage: In Tromsø dauert die sonnenlose Zeit der Polarnacht fast drei Monate, vom 25. November bis zum 21. Januar

sehr lebendige Stadt mit einer 1972 gegründeten Universität und zahlreichen Forschungseinrichtungen. Die Vielzahl von kulturellen Veranstaltungen, von Restaurants, Pubs und Discos ließen die Stadt zum ›Paris des Nordens‹ werden. Hier wird das nördlichste Bier Norwegens gebraut, das bekannte *Mackøl* (øl = Bier), dessen Markenzeichen der weiße Eisbär ist. Tromsø wäre nur unvollständig beschrieben, ohne die berühmte **Tromsøpalme** erwähnt zu haben, eine bis zu 4 m hoch wachsende Unkrautpflanze (Heracleum Sibiricum), die hier trotz der Nähe zur Arktis erstaunlich gut gedeiht.

Besichtigung Als eine der wenigen Städte im Norden wurde Tromsø im Zweiten Weltkrieg nicht zerstört. Bei einem Stadtbummel entdeckt man daher hübsche *Holzhäuser* aus der Empirezeit und aus dem Jugendstil, Wohnhäuser wohlhabender Kaufleute am Anfang der **Sjøgate** ❶ und in der **Skippergate** ❷. Ein paar Schritte weiter lohnt das **Polarmuseet** ❸ (Mitte Mai–Mitte Juni tgl. 11–17 Uhr, Mitte Juni–Mitte Aug. tgl. 10–19 Uhr, Sept.– Mitte Mai tgl. 11–15 Uhr) einen Besuch, das sehr anschaulich über die Geschichte des Walfangs, über Polartiere und Überwinterer auf Spitzbergen infor-

miert. Eine eigene Abteilung ist dem bekanntesten norwegischen Polarforscher, Roald Amundsen, gewidmet, der am 14. Dezember 1911 mit Hundeschlitten als erster Mensch den Südpol erreichte, etwa vier Wochen vor seinem großen Kontrahenten, dem Engländer R. F. Scott. Sehr zu empfehlen ist ferner ein Besuch des 4 km südlich des Stadtzentrums gelegenen **Tromsø Museum** ❹ (Mitte Juni–Mitte Aug. tgl. 9–20 Uhr, Mitte Mai–Mitte Sept. Mo–Fr 9–18, Sa/So 11–18 Uhr, Mitte Sept.–Mitte Mai Mo–Fr 9–15.30, Sa/So 11–17 Uhr), das ausführlich über die Themenbereiche Geologie, Botanik, Zoologie, Archäologie, Meeresbiologie und samische Völkerkunde informiert. Hier erfährt man z. B. alles über die Erdölförderung in der Nordsee oder lernt das Kreischen verschiedener Seevögel zu unterscheiden.

Dem Thema Polarwelt ist das **Polaria Sentrum** ❺ (Mitte Mai–Mitte Aug. tgl. 10–19, sonst tgl. 12–17 Uhr) im Strandveien gewidmet. Es gibt einen Panoramafilm über Svalbard und über eine Wanderung durch die Polarnacht zu sehen, daneben Seevögel, Seehunde und in Aquarien Fische aus hiesigen Gewässern.

Auf der **Tromsøbrua** ❻ überquert man den breiten Sund, um zum Festland zu gelangen. Am Ende der langen Brücke steht die **Tromsdalen Kirke** ❼ (Juni–Mitte Aug. Mo–Sa 10–19, So 13–19 Uhr, Mitte Aug.–Mai tgl 16–18 Uhr), auch ›Eismeerkathedrale‹ genannt. Sie wurde 1965 von *Jan Inge Hovik* entworfen und symbolisiert Polarnacht und Nordlicht. Sehenswert ist das große *Glasmosaik* von Victor Sparre.

Südwärts erreicht man die Talstation der Gondelbahn **Fjellheisen** ❽, die im Sommer bei gutem Wetter bis nach Mitternacht zum 420 m hohen Hausberg *Storsteinen* hinauffährt. Von oben hat man bei klarem Himmel einen fantastischen Blick über die Stadt, das Inselgewirr und den Schiffsverkehr im Tromsøsund. Die baumlose Hochebene voller Birkenpilze und Heidelbeeren eignet sich für schöne Spaziergänge oder Wanderungen.

Ebenfalls auf der Festlandseite Tromsøs, in südwestlicher Richtung stadtauswärts, liegt das **Forsvarsmuseum** ❾ (Juni–Aug. Mi–So 12–17 Uhr, Mai und Sept. So 12–17 Uhr), eine ehem. deutsche Marinebatterie, in der eine kriegshistorische Ausstellung über das Schlachtschiff Tirpitz gezeigt wird. Es war am 12. November 1944 westlich vor Tromsø versenkt worden.

Tromsø

0   200 m

Dramsveien

Vestregate

Skanse smuget

Nordre Tollbugt.

Grønnegata

Bispegata

R. Steens gt.

Storgate

Tromsø Museum
❹ Gågate

Havnegate

Søndre Tollbugt.

Skippergate ❷

Skansegate

Sjøgate
❶

Polarmuseet ❸

Tromsøbrua

❺ **Polaria Sentrum**

❻

Tromsøysundveien

Tromsdalen Kirke ❼

Bruveien

Solstrandveien

❾
Forsvarsmuseum

Anton Jakobsens vei
Iver Walnums vei
Carl Bertheussens vei
Grøtsundveien
Hans Nilsens vei
Turistveien
Th. Widdings vei

Fjellheisen ❽

Die moderne Tromsdalen Kirke oder Eismeerkathedrale ist wegen ihrer auffälligen Architektur zum Wahrzeichen Tromsøs geworden

ℹ️ Praktische Hinweise

Information: Turistkontor, Storgata 61, Tromsø, Tel. 77 61 00 00, Fax 77 61 00 10, www.destinasjontromso.no

Mitternachtssonne: 20. Mai–22. Juli

Hotels

Comfort Hotel With, Sjøgata 35–37, Tromsø, Tel. 77 66 42 00, Fax 77 68 96 16, www.choice.no. Modernes Hotel im Stil der historischen Lagerhäuser am Hafen.

Nord, Parkgata 4, Tromsø, Tel. 77 66 83 00, Fax 77 66 83 20. Zentrumsnahe Pension.

Rica Ishavshotel Tromsø,Fr. Langesgate 2, Tromsø, Tel. 77 66 64 00, Fax 77 66 64 44, www.rica.no. Der moderne, komfortable Hotelbau am Wasser erinnert an eine Schiffsbrücke.

Restaurants

Compagniet Restauration, Sjøgate 12, Tromsø, Tel. 77 66 42 22. Ausgezeichnetes Restaurant in dem 1837 erbauten Haus eines Kaufmanns, der durch Tran- und Trockenfischhandel zu Wohlstand kam.

Peppermøllens Mat og Vinhus, Storgaten 42, Tromsø, Tel. 77 68 62 60. Gutes Fischrestaurant.

Skarven Kro, Strandtorget 1, Tromsø, Tel. 77 60 07 20. Das Restaurant in einer ehem. Margarinefabrik ist eine beliebte Adresse in Tromsø. Gute Küche, u. a. Fisch- und Wildgerichte.

35 Alta

Gletscher und frühgeschichtliche Felszeichnungen im Land der Samen.

Zwischen Tromsø und Alta folgt ein Fjord dem anderen. Besonders schön ist der breite, von den Lyngsalpen dominierte **Lyngenfjord**. Bei dem alten Marktflecken *Skibotn* hat man einen phantastischen Blick auf den vergletscherten *Jiekkevarre* (1833 m), den ›Mont Blanc des Nordens‹, der 1899 zum erstenmal bestiegen wurde.

Gut 200 km nördlich lohnt sich ein Abstecher zum 46 km² großen **Øksfjordjøkelen**, dem einzigen Gletscher auf dem

Alltagsmotive aus uralten Tagen: Felszeichnungsfeld Hjemmeluft in Alta

1596 m ragt der Gipfel des Store Jegervasstind aus den Lyngsalpen am Lyngenfjord empor

europäischen Festland, der ins Meer kalbt. Wer dieses Phänomen aus der Nähe beobachten möchte, zweigt 1 km hinter dem Weiler *Altaeidet* zum Jøkelfjord nach Saltnes ab. Dort besteht die Möglichkeit, sich mit einem kleinen Motorboot in ca. 15 Min. in Gletschernähe fahren zu lassen.

Wenige Kilometer nach dem Abzweig erreicht man die Provinzgrenze zwischen Troms und der Finnmark, dem Land der Samen. Hier in Norwegens nördlichstem Regierungsbezirk, einem der am dünnsten besiedelten Gebiete Europas, treffen drei unterschiedliche Kulturen aufeinander: Samen, Norweger und eingewanderte Finnen, auch Kvener genannt.

Landschaftlich schön an der Mündung des Altaelv, der zu den besten Lachsflüssen der Welt zählt, liegt das 8 km langgezogene **Alta**. Einst war der Ort ein kleiner Marktplatz, zu dem die Samen zweimal im Jahr kamen, heute ist er mit 16 000 Einwohnern ein wichtiges Wirtschafts- und Verwaltungszentrum für die westliche Finnmark.

TOP TIPP Hauptattraktion ist das große Felszeichnungsfeld **Hjemmeluft** (Juni–Aug. tgl. 8–21 Uhr, Mai und Sept. 9–18 Uhr, sonst Mo–Fr 9–15, Sa, So 11–16 Uhr; www.alta.museum.no), das 1973 entdeckt wurde und über das **Alta Museum** im südlichen Stadtteil Bossekop erreichbar ist. Inzwischen sind rund 3000 der **Felsbilder** freigelegt, und seit 1985 stehen sie auf der UNESCO-Liste schützenswerter Denkmäler. Unzählige kleine Motive kann man auf einem schönen, ca. 5 km langen Spaziergang entdecken: Menschen, Jagd- und Fischfangszenen, Boote, Bären, Rentiere und Vögel.

Ein schöner Ausflug mit dem Flussboot führt in den **Alta Canyon**, Nordeuropas längste Schlucht. Bis zu 250 m tief hat sich der *Altaelva* in die Hochebene der *Finnmarksvidda* eingekerbt. Sicher gleiten die traditionellen, eleganten Langboote über die Stromschnellen und erreichen nach etwa 1 Std. den Beginn des Canyons. Die Abfahrt richtet sich nach Wasserstand und Wetterverhältnissen. Warme und Wasser abweisende Kleidung ist ratsam (Reservierung über Alta Friluftspark AS, Storelvdalen, Alta, Tel. 78 43 33 78, Fax 78 43 34 65, www.alta-friluftspark.no).

ℹ️ Praktische Hinweise

Information: Finnmark Tourist Board, Sorenskriverveien 13, Bossekop, Alta, Tel. 78 44 00 20, Fax 78 43 51 84, www.visitnorthcape.com. – Destinasjon Alta AS, Tel. 78 45 77 77. Umfangreiches Angebot wie Hochseeangelfahrten, Wanderungen, Besichtigung des Alta-Kraftwerks und Fahrrad- oder Kanuvermietung.

Hotel

Gargia Fjellstue, Alta, (25 km südlich Richtung Kautokeino), Tel. 78 43 33 51, Fax 78 43 33 36, www.gargia-fjellstue.no. Gemütliche Hütten oder einfache Zimmer. Im Restaurant werden landestypische Gerichte wie Elch, Schneehuhn, Rentier, Lachs köstlich zubereitet.

Weit herab reicht die Gletscherzunge des Øksfjordjøkelen an der Provinzgrenze zwischen Troms und der Finnmark

36 Hammerfest

Die nördlichste Stadt der Welt.

Nördlich von Alta wird die Landschaft einsam, Seen und kleine Birkenwälder begleiten die Straße, die allmählich auf die Hochfläche *Sennaland* (385 m) ansteigt, eine faszinierend karge Gegend mit kriechender, vom Wind gepeitschter Vegetation. Auf dem Fjell haben **Samen** ihre Sommerquartiere und Stände, in denen sie Rentierfelle, Geweihe und samisches Kunsthandwerk verkaufen. Malerische Hängebrücken überspannen den Fluss, an dem geangelt wird.

Nicht etwa wegen besonderer Kunstschätze zieht **Hammerfest**, die größte Stadt der Finnmark, jeden Sommer Zehntausende von Touristen an. Magnetwirkung hat der Umstand, dass man hier bei 70° 39' 48" die nördlichste Stadt der Welt erreicht. In Hammerfest zu leben, bedeutet Abgeschiedenheit, sind es doch zu den beiden nächsten größeren Städten Tromsø oder Kirkenes mindestens 500 km durch unbesiedeltes Land.

1789 erhielt Hammerfest, das einen ideal geschützten, ganzjährig eisfreien Hafen besitzt, Stadtrechte. Russlandhandel und Fischerei brachten den Aufschwung. Der Eisbär im **Stadtwappen** erinnert an die Zeit, in der Hammerfest als Eismeer- und Walfangzentrum bekannt war. 1809 verwüsteten englische Schiffe während der Napoleonischen Kriege die Stadt, 1890 ein Brand, und 1891 erhielt sie als erste Stadt Norwegens elektrische Straßenbeleuchtung. 1944/45 wurde Hammerfest beim Rückzug der deutschen Truppen vollkommen zerstört, entwickelte sich aber nach dem Wiederaufbau dank der Fisch verarbeitenden Industrie relativ schnell erneut um den lebhaften Hafen. Das **Gjenreisningsmuseet** (Wiederaufbaumuseum, Juni–Aug. tgl. 10.30–18 Uhr, sonst 11–14 Uhr) informiert über den Zweiten Weltkrieg. Vom Turm des Museums hat man einen weiten Blick über die Stadt.

Ein schönes **Panorama** mit Mitternachtssonne über der halbkreisförmigen Bucht bietet sich vom 80 m hohen Aussichtspunkt **Salen**, den man mit dem Auto oder zu Fuß über den *Zick-Zack-Weg* erreicht. Der Serpentinenpfad wurde 1891 angelegt und durch eine Lotterie aus Hammerfests Schnapsverkauf finanziert. Hier oben wie bei der Stadt sieht man **Rentiere**, die den Sommer an der Küste verbringen.

Hammerfest um zwölf Uhr mittags: In der nördlichsten Stadt der Welt ist während der Polarnacht für zwei Monate kein Sonnenstrahl zu sehen

Im Rathaus residiert der sog. **Königliche Eisbärenklub**, in dem man gegen eine Gebühr Mitglied werden und die kleine Sammlung zur Tierfanggeschichte im Eismeer anschauen kann. Im Nordwesten der Stadt steht auf der Halbinsel *Fuglenes* die berühmte Saule **Meridianstøtten**, die an die erste genaue Vermessung des Erdumfangs (1816–52) durch Wissenschaftler aus Schweden, Russland und Norwegen erinnert. Die alte Verteidigungsanlage **Skansen** von 1810 an der Spitze der Halbinsel Fuglenes wurde restauriert.

ℹ️ Praktische Hinweise

Information: Hammerfest Turist AS, Strandgaten, Hammerfest, Tel. 78 41 21 85, Fax 78 41 19 00, www.hammerfest-turist.no. Neben Hochseeangeltouren werden während der Hochsaison Ausflüge zum Nordkap (mit Boot und Bustransfer) angeboten.

Mitternachtssonne: 16. Mai–27. Juli

Hotel

Rica Hotel Hammerfest, Sørøygata 15, Hammerfest, Tel. 78 41 13 33, Fax 78 41 13 11, www.rica.no. Modernes Hotel im Zentrum am Hafen mit Restaurant und Bar.

Restaurants

Odd's Mat og Vinhus, Strandgaten 23, Hammerfest, Tel. 78 41 37 66. Gutes Restaurant im maritimen Stil.

Turistua, Hammerfest, Tel. 78 41 46 11, Fax 78 41 45 55. Panorama-Restaurant auf dem Aussichtshügel Salen. Sechs Zimmer (Sept.–Mitte Mai geschl.).

37 Nordkap

 Zauber der Natur oder Ausverkauf? – Europas bekannteste Klippe

Die letzten etwa 130 km von Hammerfest bis zum Nordkap an der Spitze der Insel Magerøya führen in eine unwirtliche baumlose Landschaft, in der gelegentlich Rentiere oder Verkaufsstände der Samen zu sehen sind. Hier im Küstenbereich liegen die ausgedehnten Sommerweiden der **Rentierzüchter** aus der inneren Finnmark. Hin und wieder hängt **Stockfisch** auf Trockengestellen, ab und zu taucht ein Farbfleck auf, der sich beim Näherkommen als ein Haus entpuppt. Die Fähre von Kåfjord nach Honningsvåg wurde 1999 eingestellt, denn seitdem erreicht man die Nordkapinsel duch einen mautpflichtigen **Tunnel**.

Honningsvåg ist ein betriebsames Hafenstädtchen auf Magerøya, das von Fischverarbeitung und Tourismus lebt. Kreuzfahrtschiffe aus aller Welt und die *Hurtigruten-Schiffe* bringen im Sommer Zehntausende von Menschen zusätzlich zu den Autotouristen in den kleinen Ort. Touristeninformation, Souvenirladen und

Nordkapp Museum (Mitte Juni bis Mitte Aug. Mo–Sa 11–20, So 12–20 Uhr, sonst Mo–Fr 12–15.30 Uhr) sind unter einem Dach am Hafen untergebracht: Es zeigt Lokalgeschichte, überwiegend zur Fischerei, und veranschaulicht die harten Lebensbedingungen am nördlichsten Zipfel Europas, der immerhin seit über 10 000 Jahren bewohnt ist.

Die **Nordkapstraße** führt durch eine karge Vegetation, die überwiegend aus Moosen und Flechten besteht und Nahrungsgrundlage für die rund 4000 Rentiere bildet, die jedes Jahr von der Finnmarksvidda auf die Sommerweiden der Insel Magerøya getrieben werden.

Der magische Punkt, das Ziel aller Träume und Tausender langer Kilometer ist das **Nordkap** bei 71° 10′ 21″ nördlicher Breite am Ende der Insel: eine 307 m hohe Klippe, die senkrecht aus dem Nordpolarmeer aufragt. Erwischt man tatsächlich einen schönen Tag mit *Mitternachtssonne* (12. Mai–31. Juli), kann man den Sonnenball gemächlich am Horizont entlangziehen sehen. Der unglaubliche Touristenansturm auf dem Felsplateau nimmt jedoch einiges vom Zauber dieses wirklich bewegenden *Naturschauspiels*. Weil aber die Klippe häufig in dichten Nebel, peitschenden Regen oder Schneesturm gehüllt ist (Durchschnittstemperatur für Juli 10° C), hat man eine vierstöckige **Nordkaphalle** in den Fels sprengen lassen mit einem *Kinoraum*, in dem man die Mitternachtssonne im Supervideograph erleben kann. Das Nordkap ist nicht mehr frei zugänglich, es wird jetzt eine kräftige ›Eintrittsgebühr‹ verlangt (April–Sept.). Im Winter werden *Schneescooter-Safaris* zum Nordkap veranstaltet.

Wer die Mitternachtssonne mit weniger Trubel erleben möchte, fährt in den kleinen Fischerort **Skarsvåg**, wo der Fußweg nach *Kirkeporten* (20 Min.) beginnt. Kurz nach Mitternacht scheint dort die Sonne durch das große Felsentor. Besonderen Charme besitzen auch die kleinen Fischerdörfer *Gjesvær* und *Kamøyvær*.

ℹ **Praktische Hinweise**

Information: Nordkapp Reiseliv, Fiskeriveien 4 (am Hafen), Honningsvåg, Tel. 78 47 70 30, Fax 78 47 70 39, www.northcape.no. Jedes Jahr wird während des *North Cape Festivals* an einem Samstag im Juni der 35 km lange **Nordkapmarsch** veranstaltet, der in

Ein magischer Punkt – das Nordkap ist die bekannteste Steilklippe Europas

Honningsvåg beginnt und auf dem Nordkap-Plateau endet.

Hotels

Da das Nordkap ein beliebtes Ziel organisierter Gruppenreisen ist, kann es schwierig sein, in der Saison ein Hotelzimmer zu bekommen.

Rica Bryggen Hotel, Vågen 1, Honningsvåg, Tel. 78 47 28 88, Fax 78 47 27 24, www.rica.no. Nett gestaltetes Hotel am Hafen im Stil moderner Rorbuer.

Zu Hunderten auf dem Weg zur Sommerweide: In den kargen Weiten der Finnmarksvidda trifft man mehr Rentiere als Menschen

Werdegang einer steinernen Berühmtheit

Auf der Suche nach der Nordost-Passage nach China taufte der englische Entdeckungsreisende Richard Chancellor 1553 das **Nordkap** auf seinen Namen, und 1875 arrangierte das Cooks-Reisebüro in London die erste **Gruppenreise** zu dem imposanten Felsplateau. Anfangs kamen die Wagemutigen über See, ankerten östlich des Kaps in Hornvika und mussten einen 11 km langen und steilen Weg zur Klippe zurücklegen. Mit Eröffnung der **Postschiffroute** zum Nordkap 1893 begann die eigentliche Erschließung für den Tourismus. 1956 wurde die **Straße** fertig gestellt und nun rollen jedes Jahr ca. 250 000 Menschen auf dem riesigen Parkplatz ein, die Hälfte davon Deutsche. Heute findet man am Nordkap alles, was das **Touristenherz** begehrt: Postkarten mit dem Sonderstempel, ein Nordkap-Zertifikat, lappländische und norwegische Souvenirs, Restaurants, Cafeterien und eine Champagner-Bar.

Rica Hotel Nordkapp, Skipsfjorden, Honningsvåg, Tel. 78 47 33 88, Fax 78 47 32 33, www.rica.no. 7 km außerhalb von Honningsvåg, schön gelegenes Hotel mit Restaurant, in warmen Holztönen ausgestattet.

38 Ostfinnmark

Tundra, Permafrostböden und die Stadt an der russischen Grenze.

Tana bru – Vardø – Hamningberg – Kirkenes

Vom Nordkap bis nach Kirkenes, dem Endpunkt der in Rom beginnenden E 6,

sind es noch einmal rund 500 km. An der Strecke liegt das sehenswerte **Stabbursnes Naturhus og Museum** (Mitte Juni–Anf. Aug. tgl. 9–20 Uhr, Anf. Juni und Aug. 10–17 Uhr, Sept.–Mai Di, Do 12–15, Mi 12–18 Uhr). Man erfährt Interessantes über Geologie, Natur und Kultur der Finnmark, die Lebensweise des Rentiers, über die Plagegeister der Finnmark, die Mücken, und den *Stabbursdalen Nationalpark*.

Durch abwechslungsreiche, weitgehend menschenleere Gegend, vorbei an sanften Fjorden und weiten Tundrahochebenen, kommt man nach **Tana bru**. Hier, im Zentrum der waldreichen Gemeinde, wird Norwegisch, Samisch und Finnisch gesprochen. Der Ort mit einer bekannten Silberschmiede liegt direkt am breiten Tana, Norwegens drittlängstem Fluss und einem der besten Lachsgewässer der Welt. Das kleine *Tana Museum* (Juni–Aug. tgl. 11–17 Uhr) erläutert die spezielle Lachsfischerei auf dem berühmten Fluss. Wer *Angeltouren*, Ausflüge in traditionellen Booten, **Goldwaschen** im Tana, Wanderungen, Reit- oder Paddeltouren unternehmen möchte, wendet sich an die schön gelegene **Levajokk Villmarksstue** (Tel. 78 92 87 14, Übernachtungsmöglichkeit).

Eine Stichstraße führt nach Vardø auf der großen **Varanger-Halbinsel**, die im Süden vom breiten Varangerfjord begrenzt wird. Kahle bis zu 400 m hohe Bergkuppen und *Tundralandschaft* mit Mooren, Moosen, Flechten und äsenden *Rentieren* prägen das Landschaftsbild. Bäume wachsen in diesem rauhen Klima nicht mehr, die wenigen Orte, deren Einwohner fast ausschließlich von Fischfang und -verarbeitung leben, liegen an der Küste und wären ohne die Versorgung über die täglich verkehrende *Hurtigruten* kaum lebensfähig.

Über **Vadsø** und die Vogelinsel **Ekkerøya**, auf der jedes Jahr Tausende von Dreizehenmöwenpaaren, Gryllteisten, Eiderenten und Sturmmöwen brüten, gelangt man nach **Vardø** – Ultima Thule. Die Festungsstadt an der Barentssee ist die östlichste Stadt Norwegens. Wenn auch der Golfstrom für relativ warme Temperaturen sorgt, bleiben selbst die sommerlichen Grade sehr niedrig. Die Hauptsehenswürdigkeit ist die kleine **Festning Vardøhus** mit sternförmigen Wallanlagen, die 1734–38 von Christian VI. erbaut wurde. Neben der Kommandantenwohnung steht Norwegens best bewachter *Baum*, der einzige weit und breit. Im Winter wird er daher stets liebevoll eingepackt. Kanonenschüsse begrüßen nach der fast zweimonatigen Dunkelzeit die Sonne.

Etwa 500 m entfernt kann man das **Vardø Museum** (Mitte Juni–Mitte Aug. tgl. 9–18.30 Uhr, sonst Mo–Fr 9–15 Uhr) besichtigen, das Ausstellungen zur Kultur-, Natur- und Militärgeschichte der Gegend um Vardø zeigt. Auf den vorgelagerten Inseln **Reinøy** und **Hornøy** brüten unzählige Seevögel, ebenso auf dem Vogelfelsen *Syltefjordstauran*, einem der wenigen Brutplätze der großen Basstölpel.

Ein beliebter Ausflug führt zum einsamen Fischerort **Hamningberg** knapp 40 km nördlich von Vardø in bizarrer mondähnlicher Landschaft mit scharfkantigen Felsen und idyllischen Sandstränden. Die Siedlung in der Bucht wird nur noch im Sommer bewohnt.

Er hat es in sich: Der Tana-Fluss birgt bares Gold und ist reich an Lachsen

Kirkenes ist Endpunkt der E 6, der Hurtigruten sowie des Nordnorwegen-Busses, und erst die Entdeckung des großen Eisenerzfelds am Bjørnevatn 1906 hat die Entwicklung des kleinen Kirchorts bewirkt. Im Zweiten Weltkrieg sollte die Stadt nach deutschen Plänen zur *Festung Kirkenes* ausgebaut werden: als Basis für den Angriff auf Murmansk, den wichtigsten Versorgungshafen Russlands. Trotz langen Stellungskriegs entlang der Litsa 100 km östlich von Kirkenes wurde Murmansk jedoch nie eingenommen. Kirkenes war neben Malta das meist bombardierte Ziel im Zweiten Weltkrieg. Die russische Großoffensive im Oktober 1944 zwang die Deutschen schließlich zum Rückzug. Die *Bevölkerung* von Kirkenes musste flüchten oder in den Bergwerksstollen leben, in denen ca. 3500 Menschen lange Wochen verbrachten. Das modern gestaltete **Grenselandmuseet** (Mitte Juni–Mitte Aug. tgl. 10–18 Uhr, sonst 10–15.30 Uhr) erläutert diese Epoche und zeigt interessante Ausstellungen zu den Themen Natur, Kultur und Geschichte im Grenzland Norwegen, Russland, Finnland.

Durch felsiges, hügeliges Gelände erreicht man nach 60 km den kleinen Grenzfluss **Jakobselv**, an dem Norweger und Russen in friedlicher Nachbarschaft leben. Insgesamt haben die beiden Staaten 196 km gemeinsame Grenze. Im letzten Winkel Norwegens steht die kleine, schmucklose *König-Oscar-II.-Kapelle* von 1869. Die Straße endet in einer hübschen Bucht am Eismeer, von der aus man bei gutem Wetter die Mitternachtssonne sehen kann und – wenn man Glück hat – große Schulen von **Weißwalen**.

Ausflug

Tages- und Wochenendtouren mit dem Bus werden in der Saison nach **Murmansk** angeboten, in die mit 400 000 Einwohnern größte Stadt der Welt nördlich des Polarkreises. In einer fast lieblich anmutenden Fjordlandschaft ballt sich ein Großteil des nuklearen Rüstungspotenzials Russlands. Stadtrundfahrt, Führung, Museumsbesuch und eine russische Mahlzeit gehören zum Programm (gebührenpflichtiges Visum muss mindestens 14 Tage vor Abfahrt beantragt werden, der Pass muss mindestens 6 Monate gültig sein).

ℹ️ Praktische Hinweise

Information: Turistinformasjon, Presteveien 1, Kirkenes, Tel. 78 99 25 44, Fax 78 99 60 87, www.kirkenesinfo.no

Touren nach Murmansk

Sovjetreiser AS, Kirkenes (an der Grenze), Tel. 78 99 25 01, Fax 78 99 25 25, www.grenseland.no

Hotel

Rica Arctic Hotel, Kongensgate 1–3, Kirkenes, Tel. 78 99 59 00, Fax 78 99 11 59, www.rica.no. Hotel im Zentrum mit komfortablen Zimmern und Restaurant.

*Anglerstolz und Petri Dank: ein schweres
Pfund Scholle aus dem Jakobselv*

39 Finnmark

*Weite Natur und sehr freundliche
Menschen im Land der rentierzüch-
tenden Samen.*

Kautokeino – Karasjok

Hier im Land der Samen erlebt man erst
richtig die echten Dimensionen Nordnorwegens. Grün überzogene Hügel so-
weit das Auge reicht, Birken und Nadel-
bäume, dazwischen ausgedehnte Seen
und silbrig glänzende Flüsse. Die **Natur**
explodiert förmlich in den kurzen, aber
intensiven Sommern. Besonders schön
zeigt sich Lappland im Herbst, Ende August, Anfang September, wenn die Landschaft in die herrlichsten Rottöne ge-
taucht ist. Immer wieder trifft man auf
Verkaufsstände, in denen **Samen** Rentierfelle, Geweihe und handgenähte Schna-
belstiefel aus Renleder anbieten. Schnee-
zäune entlang der Route lassen die Win-
terverhältnisse ahnen.

Eine gute Straße verbindet die beiden samischen Zentren Kautokeino und Karasjok. **Kautokeino** ist flächenmäßig die
größte Kommune Norwegens und zugleich eine der am dünnsten besiedelten.
Da ein Drittel der Bevölkerung mit der
Zucht von Rentieren zu tun hat, wird Kautokeino auch ›Rentierstadt‹ genannt. Im
Sommer bekommt man hier jedoch
kaum ein Exemplar der vielen tausend

Tiere zu Gesicht, denn dann weiden die
großen Herden in Küstennähe.

Kautokeino ist außerdem ein Zentrum
für *samisches Kunsthandwerk*. Im **Kultur-
huset** (Mitte Juni–Mitte Aug. Mo–Sa 9–19,
So 12–19 Uhr) befindet sich das Nordische
Samische Institut mit dem Samischen
Theater. Das kleine *Museum* mit Freilandabteilung zeigt, wie man früher hier lebte. Modernen Silberschmuck und Kunst-
gegenstände bietet **Juhls' Silvergalleri**
in überraschendem Ambiente. Im Sommer werden in Kautokeino organisierte
Ausflüge mit Flusskähnen, Angeltouren,
Wanderungen, authentische samische
Mahlzeiten und Übernachtungen im
Lavvu, dem traditionellen Samenzelt, an-
geboten.

Karasjok, was auf samisch Flussbiegung
bedeutet, liegt rund 130 km nordöstlich
weit verstreut auf beiden Ufern des Karasjohka. Es ist die Hauptstadt der Samen
mit Sitz des *Samenparlaments*, das seit
1989 besteht und im Jahr 2000 in ein neues, architektonisch ausgesprochen ge-
lungenes Gebäude umzog. Hier wird
auch eine der beiden samischen Zeitungen sowie das samische Rundfunk- und
Fernsehprogramm gemacht.

Die Holzkirche **Karasjok gamle Kirke**
aus dem Jahr 1807 ist eines der wenigen
Gebäude, das die ›Taktik der verbrannten
Erde‹ beim Rückzug der deutschen Truppen überstanden hat. Einen guten Einblick in samische Kultur, Geschichte und
Religion gibt das Museum **De Samiske
Samlinger** (Mitte Juni–Mitte Aug. Mo–Sa
9–18, So 10–18 Uhr, sonst Mo–Fr 9–15,
Sa/So 10–15 Uhr). Sehr interessant ist auch
die Freilandabteilung mit samischen Zel-
ten und Häusern. Die Karasjok-Samen er-
kennt man an ihrer sternförmigen blauen
Kappe mit gelb-rotem Band.

Am Rande des weit verstreuten Orts, in
dem 80 % der Bevölkerung Samen sind,
befindet sich der samische Erlebnispark
SÁPMI (Juni–Aug. tgl. 9–19 Uhr, sonst
Mo–Fr 9–16 Uhr), der dem Besucher die
samische Kultur, Geschichte und Mytho-
logie näher bringt. Man kann samische
Wohnplätze besichtigen und Rentiere
beobachten. Ferner gibt es eine Silberschmiede, Geschäfte und natürlich Restaurants mit samischen Spezialitäten.

Sehr zu empfehlen ist ein Ausflug zum
Goldwaschen im *Helligskogen*. Um die
Jahrhundertwende wurde am Ufer des
Karasjohka tatsächlich kommerziell Gold

Die Samen in Lappland

In jüngerer Zeit ist es den Samen gelungen, die Bezeichnung Lappen, die sie als diskriminierend und abwertend empfinden, aus dem Sprachgebrauch zu verbannen. Die Samen sind die **Urbevölkerung** und eine ethnische Minderheit in Norwegen, Schweden und Finnland sowie auf der russischen Halbinsel Kola. Schätzungsweise 50 000 Samen leben in Norwegen, allein die Hälfte davon in der Finnmark.

Die Zuordnung dieser ethnischen Gruppe definiert sich im Wesentlichen über den Gebrauch des **Samischen**, das als finnisch-ugrische Sprache dem Finnischen und Estnischen nahe verwandt ist. So bedeutete es für die Samen eine starke Bedrohung ihrer Identität, als Ende des 19. Jh. eine Welle der **Norwegisierung** über das Land zog und der Gebrauch ihrer Sprache an den Schulen verboten wurde. Wenig später wurde sogar der Landverkauf an all jene untersagt, die sich nicht auf Norwegisch verständigten.

Erst nach dem Zweiten Weltkrieg setzte eine liberalere Politik ein. Einen starken Aufschwung erhielt die Samenbewegung schließlich durch den **Widerstand** gegen das Alta-Kraftwerk-Projekt Anfang der 80er-Jahre des 20. Jh., das zwar nur zu einem Teilerfolg führte, aber letztendlich den Rechtsstatus der Samen verbesserte. 1989 wurde das samische Parlament eröffnet.

Die samische **Kultur** war früher eine Jäger- und Fischerkultur, erst ab dem 16. Jh. lebten die Samen als Nomaden mit eigenen Herden. Heute arbeiten in Norwegen mehr als 90 % der Samen in Verwaltung, Dienstleistungsbereichen, Fischerei, Landwirtschaft, Handel und Tourismus.

Die **Rentierhaltung**, die einst das wichtigste Element zur Bewahrung der samischen Kultur war, ist stark zurückgegangen und hat sich in den letzten Jahrzehnten wesentlich verändert, wurde modernisiert, sehr kapitalintensiv und krisenanfällig. Schneescooter, Helikopter und Funk sind die heutigen Arbeitsgeräte – ganz anders als zur Zeit der Nomaden, von denen Carl von Linné in seinem ›Lappländischen Tagebuch‹ erzählt.

Ein wichtiges Element der samischen Kultur ist der Joik, ein rhythmisch gesungenes Gedicht, das heutzutage in traditioneller Weise z. B. von **Ailu Gaup** gesungen wird, während **Mari Boine Persen** samische Musikelemente mit modernen Elementen und Rhythmen mischt und damit zum Aushängeschild der samischen Kulturszene geworden ist.

gewaschen, ohne dass jedoch eine richtige Goldader gefunden wurde. Die unendlich weite Natur, die Ruhe am Fluss und die freundliche Betreuung durch die samischen Begleiter sind bei dieser Unternehmung ebenso wohltuend wie die Freude, einige Goldplättchen in der Pfanne zu entdecken.

Wandertouren durch die Tundra, *Kanupaddeln* mit Mietkanus, Ausflüge in Flusskähnen mit Mittagessen im Lavvu oder ein Besuch im *Samenlager*, bei dem man Interessantes über die Rentiere erfährt, gehören zum Sommerprogramm.

TOP TIPP Im Winter kann man eine **Hundeschlittentour** mit Huskyführer Sven Engholm unternehmen, *Schneescooter-Safaris* oder kilometerlange *Langlauftouren* über die herrliche Finnmarksvidda.

ℹ️ Praktische Hinweise

Information: Karasjok Opplevelser, Karasjok, Tel. 78 46 88 10, Fax 78 46 88 11, www.koas.no

Hotels

Rica Hotel Karasjok, Porsangerveien 3, Karasjok, Tel. 78 46 74 00, Fax 78 46 68 02. Modernes Hotel mit freundlich möblierten Zimmern beim Samelandssenter.

Mit dem Hundeschlitten in die weiße Unendlichkeit der Finnmarksvidda: ein einzigartiges Erlebnis

Annes Overnatting & Motell, Karasjok, Tel./Fax 78 46 64 32. Übernachtung in Motelzimmern und Hütten. Kein Restaurant.

Restaurant

TOP TIPP **Storgammen**, beim Rica Hotel, Karasjok. Tel. 78 46 74 00. Im Stil traditioneller Gammen unter einem Torfhügel versteckt, im Halbdunkel knistern die Lagerfeuer. In samischer Tracht serviert die Bedienung z. B. Bidos, einen deftigen Eintopf mit Rentierfleisch, oder Lachs, nach schmackhaften alten Rezepten zubereitet.

🔲 40 Spitzbergen
Svalbard

Siedlungsvorposten in der Arktis.

Nur 1300 km vom Nordpol und 980 km von Tromsø entfernt liegt der Archipel Svalbard, eine faszinierende Inselgruppe mit gewaltigen Gletschern, schroffen Gebirgen, enormen Flussläufen und tief eingekerbten Tälern wie aus einem geologischen Bilderbuch. Die vier großen Inseln **Spitzbergen**, **Nordaustland**, **Edgeøya** und **Barentsøya** sowie mehrere kleine Inseln bilden Svalbard.

Nirgends sonst auf der Welt leben und arbeiten so weit im Norden ganzjährig Menschen. Steuervergünstigungen sind sicher nicht die alleinige Ursache für die Nachfrage nach Arbeitsplätzen auf der arktischen Insel Spitzbergen, es muss wohl eine Art Svalbard-Bazillus sein, der die Menschen hier oben befällt und sie gerne in monatelanger Dunkelheit im Winter und mit Mitternachtssonne im Sommer leben lässt.

Die Inseln im Barentsmeer sind etwa anderthalbmal so groß wie Dänemark und zu 60 % mit einer dicken Eisschicht überzogen. Ihrer Lage entsprechend sollte man polare **Klimaverhältnisse** erwarten, doch der Wärmerekord (von 1979) liegt bei 21,3 °C, der Kälterekord aus dem Jahr 1986 allerdings bei –46,3 °C. Die Durchschnittstemperatur beträgt im Sommer 5–6 °C und im Winter –14 °C. Entlang der Westküste entfaltet sich dank des Golfstroms ein für die Polnähe vielfältiges **Vogel-** und **Pflanzenleben**, im Osten sind **Walrosse** zu Hause, **Eisbären** können sich überall auf der Inselgruppe aufhalten. Deswegen erfordern Wandertouren in dieser Region besondere Um-

Historisches aus dem Eismeer

Svalbard ist erdgeschichtlich gesehen uralt und war im Tertiär mit Wäldern bedeckt, wovon noch schöne Blätter- und Pflanzenfossilien zeugen, auf die man bei Wanderungen zuweilen stößt.

Die **Wikinger** landeten vermutlich als erste und tauften den Archipel im 12. Jh. auf den Namen Svalbard – Land der kalten Küste. 1596 passierte der holländische Seefahrer **Willem Barents** die Inseln auf der Suche nach der Nordost-Passage Richtung China und benannte sie nach ihren deutlich sichtbaren charakteristischen Gebirgsformationen Spitzbergen.

Die Heimkehrer der Expedition – Barents selbst überlebte nicht – berichteten von den unermesslichen Reichtümern im Meer, den Walrossen, Walen und Eisbären, und lösten damit ein richtiges **Eismeerfieber** aus: Basken, Holländer, Engländer, Deutsche, Franzosen und Dänen machten sich zum arktischen **Walfang** auf. Inselnamen wie Amsterdamøya oder Danskøya, wo die Dänen Trankochereien unterhielten, erinnern an diese Epoche.

Den Walfängern folgten die Überwinterer, die Jagd auf Walrosse und Pelztiere machten, und es begann die wissenschaftliche Erforschung Svalbards auch im Hinblick auf die Rohstoffnutzung, insbesondere die leicht zugänglichen **Kohlevorkommen**. Verschiedene Nationen begannen mit dem Abbau, kapitulierten aber bald vor den schwierigen klimatischen Bedingungen. Die Nähe zum Nordpol machte Svalbard allerdings zu einem idealen Ausgangspunkt für Polarexpeditionen.

Im **Svalbard-Vertrag** von 1920 erhielt Norwegen die politische Souveränität über die 565 km vom Festland entfernten Inseln mit der Auflage, dass der Archipel im Barentsmeer nie militarisiert werden dürfe und alle Unterzeichner-Nationen stets freien Zutritt sowie das Recht auf die Nutzung seiner Rohstoffe haben.

Heute gilt Svalbard als das ›größte Labor der Welt‹ für Arktisforschung, zu dem auch ein Startplatz für Forschungsraketen gehört.

sicht und die Mitnahme eines Gewehrs. Der Eisbärenbestand wird heute auf etwa 2500–3000 Tiere geschätzt und ist seit 1973 geschützt. Immer wieder begegnet man bei Wanderungen und Ausflügen auch dem **Svalbard-Rentier**, einer besonders kurzbeinigen Rasse, die ideal an die arktischen Bedingungen angepasst ist.

Longyearbyen auf Spitzbergen, das um die Kohlegruben entstand, ist das Zentrum der Inseln in einer wüstenartig anmutenden, kargen Landschaft, in der sich die *bunten Holzgebäude* wie Spielzeughäuser ausnehmen. Mit Eröffnung des Flughafens 1975 veränderten sich die Lebensverhältnisse der Arbeiter, denn vorher war die Siedlung im Winterhalbjahr von der Außenwelt abgeschnitten. Longyearbyen hat sich seitdem zu einem ›normalen‹ Ort entwickelt – mit Einkaufsmöglichkeiten und Schulen, mit einer Bibliothek, einem Hotel sowie einem Restaurant und einem schön in Meernähe gelegenen Campingplatz.

Sehenswert ist die *Svalbard Kirche* und besonders das **Svalbard Museum**, das über die Geschichte der Inseln, Flora, Fauna und Arktisexpeditionen sowie über das Leben der Trapper informiert. In der **Galleri Svalbard** sind Bilder des Malers Kåre Tveter sowie eine Sammlung einschlägiger historischer Karten und Bücher zu sehen.

Das **touristische Angebot** kann sich sehen lassen: Man kann sich einer *Grubenbesichtigung* anschließen, Fahrräder (im Winter Schneescooter) mieten, Gummiboote chartern oder geführte Wandertouren in arktischer Natur unternehmen – von Wanderungen in eigener Regie wird aus Sicherheitsgründen unbedingt abgeraten. Eine Bootsfahrt entlang der **Westküste Spitzbergens** zu kalbenden Gletschern ist sehr zu empfehlen, vorbei an Seehunden, die sich auf Eisschollen räkeln, zur russischen Kohlestadt *Barentsburg* jenseits der Grenze, zur Forschungsstation *Ny Ålesund*, ferner werden ehem. Walfängerstationen, Trapperhütten und Gräberfelder besichtigt.

ℹ Praktische Hinweise

Information: Svalbard Reiseliv, Longyearbyen, Tel. 79 02 55 50, Fax 79 02 55 51, www.svalbard.net

Mitternachtssonne: 19. April–23. Aug.

Norwegen aktuell A bis Z

■ Vor Reiseantritt

ADAC Info-Service:
Tel. 018 05/10 11 12, Fax 018 05/30 29 28
(0,12 €/Min.)

ADAC im Internet:
www.adac.de
www.adac.de/reisefuehrer

Norwegen im Internet:
www.visitnorway.com

www.norwegen.org (Norwegische Botschaft Berlin)

Informationen erteilt das **Norwegische Fremdenverkehrsamt**, PF 11 33 17, 20433 Hamburg.

Umfangreiches **Prospektmaterial** kann man anfordern unter Service-Tel. 0 18 05/00 15 48, Fax 0 40/22 71 08 15

■ Allgemeine Informationen

Reisedokumente

Personalausweis oder Reisepass. Unter 16 Jahren Kinderausweis oder Eintrag im Elternpass, ab 10 Jahren mit Lichtbild.

Kfz-Papiere

Nationaler Führerschein und Fahrzeugschein. Die Mitnahme der Internationalen Grünen Versicherungskarte ist empfehlenswert.

Krankenversicherung und Impfungen

Auslandskrankenscheine besorgen und zusätzlich eine Auslandskrankenversicherung abschließen.

Hund und Katze

Wer mit **Hund** oder **Katze** nach Norwegen einreisen möchte, sollte sich rechtzeitig nach den strengen Impf- und Gesundheitsvorschriften erkundigen (www.mattilsynet.no). Mit der Vorbereitung mind. 6 Monate vor Abreise beginnen. Für Hunde herrscht Leinenzwang, Kot muss vom Besitzer entfernt werden (Tüte und Schäufelchen mitnehmen!).

Oben: *Im Land der Fjorde sind Fähren unumgänglich*
Mitte: *Rentierfelle sind ein klassisches Mitbringsel aus dem Norden. –*
Kinder beim Wikingerfest in Avaldsnes
Unten: *Norwegen ist ein Paradies für Outdoor-Fans. Ein grandioser Ausblick lohnt die Wanderung auf den Preikestolen*

Zollbestimmungen

Ab **18 Jahren** dürfen abgabenfrei eingeführt werden: 2 l Bier und 2 l Wein (bis 22 % vol.), ab **20 Jahren** statt 2 l Wein auch 1 l Wein und 1 l Spirituosen. Fleisch darf nur bis zu 3 kg zum eigenen Verbrauch mitgeführt werden. **Untersagt** ist die Einfuhr von Eiern, Milch, Sahne und Kartoffeln sowie von Pflanzen und Rauschgiften. Medikamente dürfen nur für den persönlichen Gebrauch mitgeführt werden, ein Arztbrief sollte die Notwendigkeit bestätigen. Die Mitnahme von Waffen ist nur für Jagdzwecke erlaubt; Waffenlizenz des Heimatlandes muss vorgelegt werden.

Geld

Die nationale Währung ist die *Norwegische Krone* (nkr, NOK), unterteilt in 100 Øre. Die Ein- und Ausfuhr von Landes- und Fremdwährung ist unbegrenzt erlaubt. Bei Ein- und Ausfuhr von Norwegischen Kronen und Devisen mit einem Gesamtwert von über 25 000 nkr ist eine Devisenerklärung notwendig.

Tourismusamt im Land

Oslo Promotion AS (Head Office), Grev Wedels plass 4, 0151 Oslo, Tel. 23 10 62 00, Fax 23 10 62 01, www.visitoslo.com.

Notrufnummern

Feuerwehr: Tel. 110
Polizei: Tel. 112
Krankenwagen: Tel. 113

Pannenhilfe: Alarmzentrale des norwegischen Automobilclubs **NAF** in Oslo, Tel. 22 34 14 00 (rund um die Uhr).

ADAC-Notrufzentrale München: Tel. (00 49)89/22 22 22 (rund um die Uhr)

ADAC-Ambulanzdienst München: Tel. (00 49) 89/76 76 76 (rund um die Uhr)

Österreichischer Automobil Motorrad und Touring Club
ÖAMTC Schutzbrief-Nothilfe: Tel. 00 43 / (0)1/2 51 20 00

Touring Club Schweiz
TCS Zentrale Hilfsstelle: Tel. 00 41 / (0)2 24 17 22 20

Diplomatische Vertretungen

Botschaft der Bundesrepublik Deutschland, Oscarsgate 45, 0244 Oslo, Tel. 23 27 54 00, Fax 22 44 76 72

Botschaft der Republik Österreich, Thomas Heftyesgate 19 – 21, 0244 Oslo, Tel. 22 55 23 48, Fax 22 55 43 61

Botschaft der Schweiz, Bygdøy Allé 78, 0268 Oslo, Tel. 22 43 05 90, Fax 22 44 63 50

Besondere Verkehrsbestimmungen

Die zulässige **Höchstgeschwindigkeit** beträgt außerhalb geschlossener Ortschaften 80 km/h, auf einigen Schnellstraßen und Autobahnen 90 km/h, für Kfz über 3,5 t immer 80 km/h. Pkw mit gebremstem Anhänger dürfen maximal 80 km/h, mit ungebremstem Anhänger maximal 60 km/h fahren. Innerhalb geschlossener Ortschaften gilt Tempo 50 km/h.

In Norwegen muss man auch tagsüber mit **Abblendlicht** fahren! Straßenbahnen haben stets Vorfahrt. Die **Promillegrenze** beträgt 0,2. Die Bußgelder insbesondere für Geschwindigkeits- und Alkoholdelikte sind in Norwegen ausgesprochen hoch.

Unbedingt die **Wildwechsel-Warnschilder** beachten, denn Rentiere oder Elche queren häufig die Straßen. Im Falle eines Wildunfalls ist die nächste Polizeidienststelle zu benachrichtigen.

Das **Übernachten in Wohnmobilen** oder Wohnanhängern ist auf nicht gekennzeichneten Rastplätzen verboten.

■ Anreise

Auto

Die Anreise nach Norwegen ist in der Regel mit einer Fährfahrt ab Deutschland oder Dänemark nach Schweden oder Norwegen verbunden. Am schönsten und bequemsten ist die **Direktfähre** von Deutschland (Kiel) nach Norwegen (Oslo) mit der Color Line. Wer eine längere Autoanreise und kürzere Fährüberfahrt bevorzugt, wählt eine der Fähren, die von

Haarnadeln und schwindelnde Höhen: Der berühmte Trollstigvegen bei Geiranger windet sich mit durchschnittlich 12 % Steigung den Berg hinauf

Nordjütland nach Südnorwegen übersetzen.

Umfangreiches **Informations-** und **Kartenmaterial** können Mitglieder des ADAC in Deutschland kostenlos unter Tel. 0 18 05/10 11 12 (0,12 €/Min.) anfordern. Im ADAC Verlag sind die Länderkarte *Norwegen* (1:750 000), der CityPlan *Oslo* sowie das ADAC Reisemagazin *Norwegen* erschienen.

Fährlinien: *Color Line* (Kiel–Oslo, Hirtshals–Oslo/Kristiansand, Frederikshavn–Larvik, Hirtshals–Stavanger–Bergen), *Stena Line* (Frederikshavn–Oslo), *Fjord Line* (Hanstholm–Egersund/Bergen).

Die kürzesten Fährüberfahrten, aber erhebliche Zusatzkilometer bringt die **Vogelfluglinie** (Puttgarden–Rødby bzw. Rostock-Gedser, Dänemark, Helsingør-Helsingborg, Schweden) mit *Scandlines*, www.scandlines.de

Die Norweger sind Weltmeister im Straßen-, Brücken- und Tunnelbauen. Zur Finanzierung besonders kostspieliger Projekte wird an einigen Stellen **Maut** *(Bompenger)* erhoben.

Wer im Frühjahr oder Herbst in Norwegen reist, sollte sich über eventuelle **Wintersperren** informieren; bis Ende Mai sind Verkehrsbehinderungen möglich. Dies gilt auch für die Hauptzufahrten in die Fjordgebiete und die Bergregionen Westnorwegens. Auskunft erteilt **Norges Automobil-Forbund (NAF)**, Storgaten 2, 0105 Oslo, Tel. 22 34 14 00, Fax 22 33 13 72, oder bei der *Vegmeldingstjenesten* unter Tel. 22 65 40 40, www.vegvesen.no.

Bahn

Es bestehen zahlreiche Zugverbindungen (Schlafwagen bzw. Kurswagen) von deutschen, österreichischen oder Schweizer Großstädten über Hamburg-Kopenhagen (umsteigen) nach Oslo. *Auskunft*:

Deutsche Bahn, Tel. 1 18 61 (persönliche Auskunft, gebührenpflichtig), Tel. 08 00/1 50 70 90 (sprachgesteuert), www.bahn.de

Österreichische Bundesbahn, Tel. 05 17 17, www.oebb.at

Schweizerische Bundesbahnen, Tel. 09 00 30 03 00, www.sbb.ch

Bus

Es besteht eine ganzjährige direkte Busverbindung von Hamburg nach Kristiansand und Stavanger. Von München, Nürnberg, Frankfurt und Berlin fahren im Sommer Busse über Göteborg (umsteigen) nach Oslo. **Deutsche Touring GmbH**, Am Römerhof 17, 60486 Frankfurt/Main, Tel. 0 69/79 03 50, Fax 0 69/7 90 32 19, www.deutsche-touring.com.

Flugzeug

Oslo wird direkt von allen großen Flughäfen angeflogen. Günstige Charterflüge werden zu verschiedenen norwegischen Städten angeboten. Lufthansa und SAS bieten in der Sommerzeit (Mitte Juni–Mitte Aug.) sehr günstige Direktflüge.

■ Bank, Post, Telefon

Bank

Schalterstunden sind Mo–Fr 9–15 Uhr, donnerstags bleiben viele Banken bis 17 Uhr geöffnet. Geldwechsel ist bei allen Banken, in Wechselstuben auf den Flughäfen, in größeren Hotels und manchmal in den Touristenbüros möglich. Die gängigen Kreditkarten werden von Banken und größeren Hotels angenommen. Geldautomaten, die EC-Karten akzeptieren, sind fast überall vorhanden.

Post

Schalterstunden sind Mo–Fr 8.30–16 Uhr, Sa 8–13 Uhr.

Briefmarken erhält man im Postamt, in Kiosken und Schreibwarenläden.

Telefon

Internationale Vorwahlen:
Norwegen 00 47
Deutschland 00 49
Österreich 00 43
Schweiz 00 41

Norwegische **Telefonnummern** sind achtstellig, die Ortsvorwahl ist in die Anschlussnummer integriert. Öffentliche Telefone funktionieren meist mit einer **Telefonkarte**, die man in Telegrafenämtern *(Tele)* erhält. In fast allen Telefonzellen kann man sich unter der dort angegebenen Nummer zurückrufen lassen.

Die Benutzung handelsüblicher Mobiltelefone ist in ganz Norwegen möglich. Man sollte sich jedoch vor Reiseantritt über das günstigste Netz vor Ort informieren und das eigene Mobiltelefon entsprechend programmieren.

■ Einkaufen

Öffnungszeiten: Die Geschäfte öffnen in der Regel Mo–Fr 8–20 Uhr, Sa 8–18 Uhr. In kleineren Ortschaften sind die Öffnungszeiten oft kürzer.

Die klassischen Mitbringsel aus Norwegen sind die schönen *Norwegerpullover* oder -strickjacken aus reiner Wolle. Neben den traditionellen Mustern und Farben werden zunehmend pfiffige Pullover in modernem Design und aktuellen Modefarben angeboten.

Schöne Gegenstände aus Holz, Glas, Keramik sowie Web- und Strickarbeiten werden in den Kunstgewerbeläden *Husfliden* verkauft. Bekannt sind das Porzellan aus der Porzellanfabrik *Porsgrunn* und Glaswaren des *Hadeland Glassverks*. Ein sehr schönes Mitbringsel ist Silberschmuck aus einer der zahlreichen Silberschmieden, die neben dem kunstvollen Trachtenschmuck aparte und ausgefallene *Stücke* anbieten. Gut gemacht sind die Kopien von Wikingerschmuck und von Felszeichnungsbildern.

Rentierfelle werden nicht nur im Land der Samen, sondern auch in Souvenirgeschäften im Süden angeboten. Aus Lappland bringen viele Touristen ein Rentiergeweih oder eines der praktischen *Samenmesser* mit.

Für Waren über 310 NOK stellen viele Geschäfte **Tax-Free-Schecks** aus, mit denen an Flughäfen, auf Fähren und an größeren Grenzübergängen die bezahlte Mehrwertsteuer des Endpreises abzüglich einer Gebühr zurückvergütet wird. Die Ware darf nicht vor der Ausreise in Gebrauch genommen worden sein und muss spätestens nach vier Wochen außer Landes sein. **Informationen** erteilt:

Souvenir par excellence: Rentierfelle

Norway Tax-Free-Shopping, Postboks 48, 1345 Østerås, Tel. 67 15 60 10, Fax 67 15 60 29.

■ Essen und Trinken

Die norwegische Küche ist besser als ihr Ruf und es gibt immer mehr gute **Restaurants** in den Städten. Wer sich lieber schnell zwischendurch verköstigen möchte, findet in einer der zahlreichen **Kafeterien** u. a. auch in Kaufhäusern, Museen oder Bahnhöfen ordentliche Tellergerichte, Kuchen oder leckere *Smørebrød*, eine appetitlich belegte Brotschnitte. Pizzerien oder chinesische Restaurants sowie Fast-Food-Ketten findet man im ganzen Land, auch jenseits des Polarkreises. In besseren **Hotels** werden oft exquisite kalte Buffets, *Koldtbord*, angeboten mit geräuchertem und gekochtem Lachs, eingelegten Heringen, Wurst, geräuchertem Elch- oder Rentierfleisch, Salaten, warmen Gerichten und köstlichen Desserts.

Den Tag beginnt man in Norwegen mit einem sehr reichhaltigen **Frühstück** (*Frokost*). In Hotels findet man meist ein Buffet mit verschiedenen Brot-, Wurst- und Käsesorten (wie den braunen karamelisierten *Brunost*), Cornflakes, Müsli, Eier, Marmelade, Kaffee, Tee, Saft und Milch.

Mittags ist *Lunsj*-Zeit, eine kleine Mahlzeit, oft sind es nur ein paar belegte Brote. Warm wird in der Regel erst **abends** gegessen, das sog. *Middag*, das in Hotels 17–21 Uhr serviert wird, in internationalen Häusern auch länger.

In Norwegen gibt es verschiedene Kategorien von Restaurants. Viele kleine haben gar keine oder nur eingeschränkte Schankbewilligung, d. h. sie dürfen keine **alkoholischen Getränke** servieren oder nur Wein und Bier zu bestimmten Zeiten. Die meisten größeren Restaurants bieten alle Arten von alkoholischen Getränken an wie auch den norwegischen *Linje-Akevitt*, den man in einem Zug leert.

■ Feste und Feiern

Im ganzen Land geltende **Feiertage** sind 1. Januar (Neujahr), Gründonnerstag, Karfreitag, Ostermontag, 1. Mai (Tag der Arbeit), 17. Mai (Nationalfeiertag), Christi Himmelfahrt, Pfingstmontag, 25./26. Dezember (Weihnachten).

Unwiderstehlich: die Köstlichkeiten des Meeres auf dem Fischmarkt in Bergen

Lutefisk und Rømmegrøt

Einen wichtigen Platz in der norwegischen Küche nimmt – besonders an der Küste –, frischer **Fisch** ein wie beispielsweise Köhler (Sei) oder Kabeljau (Torsk), Lachs (Laks), Lachsforelle (Ørret), Hering (Sild) oder Heilbutt (Kveite). Frische Garnelen (Reker) sind eine Köstlichkeit ebenso wie geräucherter Lachs in verschiedenen Zubereitungsarten. Als Spezialität gelten gebratene Dorschzungen und die Fischsuppe aus Bergen. Sehr beliebt in der Alltagsküche sind Fischklöße (Fiskeboller) und Fischfrikadellen. Als Nationalgericht muss man die Weihnachtsspeise Lutefisk bezeichnen: Getrockneter Kabeljau wird in Marinade eingelegt. Lecker und würzig schmeckt in Kohl gekochtes **Ham-**melfleisch (Får i kål). Als typisch norwegisches Gericht gelten die runden Fleischklößchen Kjøttboller, die auch bei Kindern sehr beliebt sind. Im Landesinneren stehen mitunter **Schneehuhn** in Sahnesauce (Rype i fløtesaus) oder **Rentier-** und **Elchgerichte** auf der Karte.

Zum Essen trinkt man Wasser, Bier, Wein oder Saft. Nach dem Essen gehört ein Kaffee unbedingt dazu.

Als **Nachtisch** werden oft frisch gepflückte Beeren wie die leckeren orange-gelben Multer (arktische Brombeeren) oder eine Reiscreme mit rotem Saft serviert. Ausgezeichnet und sehr nahrhaft ist Rømmegrøt, ein Rahmbrei mit Zimt und geschmolzener Butter.

Das **Osterfest** feiern die Samen in Kautokeino und Karasjok mit Gottesdiensten, samischen Hochzeiten und Konfirmationen, Konzerten, Joik-Wettbewerben, Rentierschlittenrennen u. v. m.

Den **Nationalfeiertag** zum Gedenken an die Verabschiedung des norwegischen Grundgesetzes am 17. Mai 1814 begleiten in ganz Norwegen Festzüge durch die Straßen und Unterhaltungsveranstaltungen. Landesweit zelebriert wird auch der Johannis-Tag am 23. Juni, dem Termin des **Mittsommernachtsfests**. Am 10. Dezember findet stets in Oslo die viel beachtete Verleihung des **Friedensnobelpreises** statt.

Klima und Reisezeit

Das Wetter ist in Norwegen immer ein spannendes Thema. Dank des Golfstroms unterliegen die Temperaturen im Küstenbereich nur geringfügigen Schwankungen und sinken im Winter nur wenige Grad unter den Gefrierpunkt, wobei man bedenken muss, dass Norwegen auf gleicher Höhe wie Grönland oder

Alaska liegt. Wärmere *Kleidung* und ein guter Regenschutz sind in Norwegen stets zu empfehlen. Der legendäre norwegische *Regen* fällt besonders in den Küstenregionen, während das Landesinnere trockenere Sommer hat. In der Finnmark und in Südnorwegen sind dann 25° C keine Seltenheit. Beste Reisezeit sind Mai und Juni wegen der herrlichen Obstbaumblüte in Süd- und Westnorwegen sowie wegen der längsten Tage im Jahr (Mitternachtssonne) und Juli/August.

Die **Mitternachtssonne** macht den besonderen Reiz einer Reise in den Norden aus. Nördlich des Polarkreises geht die Sonne tage- oder wochenlang im Sommer nicht unter (und im Winter nicht auf). Die ununterbrochene Helligkeit verändert den Schlaf-Wach-Rhythmus, in der Regel ist man länger munter.

Klimadaten Lillehammer

Monat	Luft (°C) min./max.	Sonnen- std./Tag	Regen- tage
Januar	-12/ -6	1	9
Februar	-11/ -4	2	7
März	- 8/ 2	4	5
April	- 2/ 8	6	7
Mai	3/15	7	6
Juni	8/20	8	11
Juli	11/22	8	13
August	9/20	7	11
September	5/14	5	10
Oktober	0/ 7	3	9
November	- 4/ 0	1	9
Dezember	- 8/ -3	0	11

■ Kultur live

Das Norwegische Fremdenverkehrsamt veröffentlicht in seinem offiziellen Katalog die jeweils aktuellen Termine oder zahlreichen Festivals. Über sämtliche Veranstaltungen in Oslo informiert die monatlich erscheinende Broschüre ›What's on in Oslo‹, die es gratis bei der Touristeninformation in Oslo gibt.

Januar

Tromsø: Nordlichtfestival mit klassischer und zeitgenössischer Musik (www.nordlysfestivalen.no)

Februar/März

Kristiansund: Opernfestwoche (www.oik.no)

Oslo: Holmenkollen Skifestival (www.skiforeningen.no)

Lillehammer: Birkebeinerrennen (Langlauf, www.birkebeiner.no)

März/April

Voss: Jazzfestival Vossajazz am Wochenende vor Ostern (www.vossajazz.no)

Mai/Juni

Stavanger: Mai–Jazzfestival (www.maijazz.no)

Bergen: Internationale Bergenfestspiele mit Konzerten, Theater, Ballett und Folklore (www.festspillene.no)

Oslo: ›Norwegian Wood‹ mit internationalen und einheimischen Musikern (www.norwegianwood.no)

Juni/Juli

Molde: Bjørnson-Festival (Internationales Literaturfestival) und Internationales Jazzfestival (www.moldejazz.no)

Kristiansand: Kammermusikfestival

Melbu: Kulturwoche

Sandvika/Oslo: Kalvøya-Festival mit Rockkonzerten im Freien

Kongsberg: Internationales Jazzfestival (www.kongsbergjazzfestival.no)

Juli/August

Bodø: Nordland-Musikfestwoche mit großem Angebot klassischer Musik, Oper, Kirchenmusik, Jazz und Folk

Stiklestad/Verdal: ›Spelet om Heilag Olav‹, ein Historienspiel über die Christianisierung Norwegens und den Tod des hl. Olav in der Schlacht bei Stiklestad (www.stiklestad.no.)

Trondheim: Olavs-Festival mit kulturellen und religiösen Veranstaltungen, Konzerten und Theater sowie einem historischem Markt und einem Programm für die Kinder (www.olavsfestdagene.no)

August

Bø in Telemark: Internationales Volksmusikfestival in der Provinz Telemark (www.telemarkfestivalen.no)

Vinstra/Golå: Peer Gynt-Festival mit Theater, Kunstausstellungen, Konzerten und Lesungen (www.peergynt.no)

Risør: Internationales Holzbootfestival (www.risor-woodenboat.no)

Oslo: Jazzfestival und Kammermusikfestival (www.oslokammermusikkfestival.no)

Vadsø: Varanger-Festival (kulturelles Festival für ganz Nordskandinavien, www.varangerfestivalen.no)

Haugesund: Sildajazz (Dixieland-Festival, www.sildajazz.no) und Norwegisches Filmfestival

Mandal: ›Schalentierfestival‹

Stavanger: Internationales Kammermusikfestival (www.icmf.no)

August/September

Oslo: Osloer Rockfestival und Oslo-Marathon

September/Oktober

Oslo: Staatliche Herbstausstellung moderner Kunst und Ultima Festival mit Konzerten und Seminaren

Trondheim: Nordlyd Festival (Musikfestival)

■ Sport

Angeln

Norwegen ist ein Anglerparadies. Sowohl Flüsse als auch Seen, Fjorde und das offene Meer bieten viele verschiedene angelbare Fische. Wer auf Saibling, Lachs, Meerforelle oder Süßwasserfische angelt, muss meist einen **Angelschein** erwerben, den man in Sportgeschäften, bei Touristeninformationen, Hotels, Campingplätzen etc. erhält – die Preise variieren enorm. Andere Fischarten im Meer und in den Fjorden dürfen kostenlos geangelt werden. Einer der besten Angelplätze ist der Saltstraumen nahe Bodø in Nordland. Hier haben auch unerfahrene Angler gute Chancen, einen Dorsch, Schellfisch oder eine Makrele zu erwischen.

Baden

Südnorwegen ist das Badeparadies des Landes. Entlang der Küste gibt es herrliche **Sandstrände**: Sjøsanden bei Mandal, Orrestranden südlich Stavanger, Åkrehamn südlich von Haugesund oder auf den vorgelagerten Schären. Ferner haben viele der oft idyllisch gelegenen Seen schöne Badestrände.

Fahrradfahren

Norwegen wird bei Fahrradfahrern immer beliebter, sei es bei den ganz Ambitionierten, die sich das Nordkap als Ziel vornehmen, oder bei Genuss-Radlern, die mit dem Flugzeug zu den Lofoten anreisen und die Inseln per Fahrrad erkunden. Die örtlichen Touristenbüros informieren über Tourenmöglichkeiten und haben oft eigene Fahrradkarten herausgegeben. Fahrradfahrer können ihre Fahrräder auf den Fähren und Küstenschiffen der ›Hurtigruten‹ problemlos mitnehmen. Weitere **Informationen** unter www.bike-norway.com.

Gletscherwanderungen

An einigen Stellen besteht in Norwegen die Möglichkeit, an einer geführten Gletscherwanderung teilzunehmen. Die Angebote reichen von der 2-stündigen Nachmittags-Familientour bis zu anstrengenden Tagestouren. Ausrüstung wird gestellt. Touren werden u. a. im Jotunheimen (ab Spiterstulen, Leirvassbu und Juvasshütte) veranstaltet, an den verschiedenen Gletscherzungen des Jostedalsbreen, am Folgefonn im Hardangerfjordbereich, am Svartisen bei Mo i Rana u. a. Von Touren in eigener Regie wird ausdrücklich abgeraten!

Golf

In Norwegen gibt es ungefähr 250 Golfplätze; die Saison dauert von Mai bis September. **Informationen** erteilt Norges Golfforbund, www.ngf.golf. no.

Hundeschlitten

Ein spannendes Erlebnis sind Hundeschlittentouren im Winter, die man z. B. bei dem passionierten Husky-Züchter Sven Engholm in Karasjok buchen kann. **Informationen** erhält man bei Den Norske Turistforening, Storgaten 3, Postboks 7 Sentrum, 0101 Oslo, Tel. 22 82 28 00, Fax 22 82 28 01, www.turistforeningen.no.

Kanu und Kajak

Die vielen Seen und Flüsse bieten unendliche Möglichkeiten zum Kanupaddeln oder Kajaken. Sehr beliebte Kanureviere sind die Gewässer in Ostnorwegen im Bereich des Femunden. In vielen Orten kann man Kanus mieten. **Informationen** erteilt Norges Padleforbund, Ullevål Stadion, 0840 Oslo, Tel. 21 02 98 35, www.padling.no.

Klettern

Auch Sportkletterer finden in Norwegen ideale Gebiete. Sehr beliebt sind die Berge auf den Lofoten und im Romsdal. Hier befindet sich die 1000 m hohe, senkrechte Trollwand, die zu den schwierigsten Kletterwänden der Welt zählt.

Langlauf im Winterwunderland: Auf unzähligen Loipenkilometern und mit Unmengen von Schnee ist hier jeder Skisportler sicher in seinem Element

Rafting

Sehr populär ist Rafting. In stabilen und sicheren Gummibooten geht es über Flüsse mit kleineren oder größeren Stromschnellen. Es werden sowohl kürzere und ungefährliche Familien-Touren angeboten als auch anspruchsvollere Tagestouren. Die beliebtesten Rafting-Flüsse sind die Sjoa im Gudbrandsdal, die Otra im Setesdal, der Lågen im Numedal und der Hallingdalselva im Hallingdal. Eine Liste der Raftingveranstalter kann man beim norwegischen Kanuverband erhalten (s. o.).

Segel- und Motorboot

Die Gewässer um Norwegen sind bei Seglern und Motorbootfans sehr beliebt, wenn auch durch den zerklüfteten Küstengürtel nicht ungefährlich. Es ist unabdingbar, sich sehr gutes **Kartenmaterial** zuzulegen, wie es beispielsweise Norges Sjøkartverk, Postboks 60, 4001 Stavanger, herausgibt.

Zunehmend attraktiv: mit dem Touren- oder Mountainbike durch Norwegen

Skilaufen

Norwegen ist ein Paradies für Skiläufer, ob Langlauf, Abfahrt oder Telemark-Technik, die Möglichkeiten sind unbegrenzt. Eine wunderschöne Variante des Skilanglaufs sind Mehrtagestouren von Hütte zu Hütte über die Hardangervidda oder andere Bergregionen. Nähere **Informationen** erteilt das Norwegische Fremdenverkehrsamt [s. S. 125] in seinem ›Winterkatalog Norwegen‹.

Das Skiland Norwegen besitzt zudem gute und schneesichere **Sommerskigebiete** wie das Strynfjell und im Jotunheimen das Areal von Galdhøpiggen.

Wandern

Norwegen bietet ein gut ausgebautes Netz von markierten Wanderwegen und Hütten, die Touren in den unterschiedlichsten Bergregionen ermöglichen. Beliebte Wandergebiete sind das Rondane, die Hardangervidda, das Jotunheimen und das Dovrefjell. Das Angebot an **Hütten** reicht von der einfachen unbewirtschafteten Berghütte bis zu komfortablen Pensionen. Während letztere für jeden zugänglich sind, stehen andere Hütten nur DNT-Mitgliedern offen. Die Mitgliedschaft ist auch für Ausländer möglich. Beim DNT erhält man Wanderkarten, Routenvorschläge und -beschreibungen und kann auch geführte Bergwanderungen, Gletschertouren und Kletterkurse buchen: **DNT** (Norwegischer Gebirgswanderverein), Storgaten 3, 0101 Oslo, Tel. 22 82 28 00, Fax 22 82 28 01, www.turistforeningen.no.

Infos und Tourangebote auch unter www.huettenwandern.de.

Statistik

Lage: Das norwegische Festland erstreckt sich vom 58. bis 71. Grad nördlicher Breite. Im Osten grenzt Norwegen an Schweden (1619 km), Finnland (721 km) und Russland (196 km).

Bevölkerung: In Norwegen leben etwa 4,5 Mio Menschen auf einer Fläche von 386 958 km^2. Das entspricht einer Bevölkerungsdichte von 13 Einw./km^2. Etwa drei Viertel der Bevölkerung wohnen in Städten oder größeren Gemeinden. Die Hauptstadt Oslo hat ca. 480 000 Einw.

Verwaltung: Norwegen ist eine konstitutionelle Monarchie mit parlamentarischer Demokratie. Die vollziehende Gewalt liegt formell beim König, wird aber von der Regierung ausgeübt.

Wirtschaft: Der Dienstleistungssektor, die mit der Erdölproduktion in Verbindung stehenden Bereiche und moderne High-Tech-Branchen haben in den letzten Jahrzehnten stark zugenommen. Der Außenhandel macht etwa die Hälfte des norwegischen Bruttosozialprodukts aus; über die Hälfte davon geht in Länder der EU – trotzdem entschieden sich die Norweger zweimal gegen einen Beitritt zur EWG/EU. Trotz der nördlichen Lage versorgt sich Norwegen weitgehend selbst mit landwirtschaftlichen Erzeugnissen, was nur durch hohe Subventionen möglich ist. Für Norwegen wichtige Industriezweige sind neben der Wasserkraft Forstwirtschaft, Fischindustrie, Fischzucht und Schiffbau.

Unterkunft

Die Vielfalt an Unterkunftsmöglichkeiten in Norwegen ist groß, der Hotelstandard durchweg hoch. Sehr reizvoll übernachtet man in Norwegen in Hütten unterschiedlichsten Komforts. In der Hauptreisezeit Juni – August ist es ratsam, Hotelzimmer am Vortag zu reservieren; wer für längere Zeit eine Hütte mieten möchte, sollte dies rechtzeitig tun.

Camping

Norwegen hat sehr viele schöne Campingplätze in meist reizvoller Lage. Zunehmend werden hier auch Hütten errichtet mit Dusche, WC und allem Komfort. Für Wohnmobile wurden in verschiedenen Städten eigens zentrumsnahe Wohnmobil-Übernachtungsplätze eingerichtet (Bobilparkering). Der jährlich erscheinende *ADAC Camping-Caravaning-Führer* – auch als CD-Rom – verzeichnet eine Auswahl geprüfter Plätze.

Hotels

Sehr schön sind die alten traditionsreichen Hotels aus dem 19. Jh., teils in kunstvoller Holzbauweise und sehr gemütlich ausgestattet (www.historiskehotel.no). Viele Hotels haben sich zu Ketten zusammengeschlossen, die ein Pass- oder Scheck-System entwickelt haben, das in der Sommersaison erhebliche Rabatte bringt.

Hütten und Rorbuer

Unzählige **Ferienhütten** stehen in den norwegischen Bergen, am See, am Meer und auf den vielen Inseln. Ausstattung und Komfort sind sehr unterschiedlich, nicht immer findet man Einkaufsmöglichkeiten in der Nähe. Die meisten **Rorbuer** (Fischerhütten) liegen direkt am Wasser, wurden modernisiert und sind zweckmäßig mit Strom, Wasser und Heizung, aber nicht übermäßig luxuriös ausgestattet; oft wird ein Ruder- oder Motorboot mitvermietet. Insgesamt eine preiswerte Unterkunft, die an Atmosphäre und Charme kaum zu übertreffen ist. Auskünfte erteilt das Norwegische Fremdenverkehrsamt [s. S. 125].

Jugendherbergen

In Norwegen gibt es 75 Jugendherbergen in oft sehr schöner Lage am Meer oder See. Der Standard ist überwiegend hoch, in der Regel findet man Doppel- und Familienzimmer für 4 – 6 Personen. Eine Altersgrenze gibt es nicht, jedoch haben Fahrradfahrer und Wanderer Vorrang vor motorisierten Gästen, falls der Platz knapp werden sollte. Es ist ratsam, sich vor der Reise einen Mitgliedsausweis bei der Jugendherbergsorganisation des Heimatlandes zu besorgen, sonst ist pro Übernachtung ein geringer Aufpreis zu zahlen. Im Sommer ist eine Reservierung zu empfehlen. **Informationen** bei Norske Vandrerhjem, Hostelling International Norway, Torggata 1, 0181 Oslo, Tel. 23 13 93 00, Fax 23 13 93 50, www.vandrerhjem.no.

Privatzimmer

Die lokalen Touristenbüros vermitteln mitunter Privatzimmer, die entlang der

Straße als ›Rom‹ ausgeschildert werden. **Informationen** findet man auch unter www.bbnorway.com.

Verkehrsmittel im Land

Bahn

Das norwegische Eisenbahnnetz ist eher weitmaschig und endet in Bodø, abgesehen von dem aus Schweden kommenden Gleis nach Narvik. Gut sind die Verbindungen von Oslo zu größeren Städten wie Bergen, Kristiansand oder Trondheim. Die bekanntesten Eisenbahnstrecken sind die landschaftlich einmalig schöne **Bergensbanen**, die Oslo mit Bergen über die Hardangervidda verbindet, die **Dovrebanen**, die übers Dovrefjell nach Trondheim fährt, die **Nordlandsbanen** von Trondheim übers Saltfjell nach Bodø und die **Sørlandsbanen** von Oslo über Kristiansand nach Stavanger. Sehr komfortabel sind die Nachtzüge mit Schlafwagen. **Infos** zu Zügen und versch. Zug-Pässen unter www.scanrail. com.

Bus

Das norwegische Busnetz ist sowohl mit Überlandbussen als auch mit lokalen Bussen sehr gut organisiert. Selbst einige der spektakulärsten Straßenverbindungen wie der Trollstigvegen oder die Strecke von Otta nach Geiranger werden von öffentlichen Bussen befahren. Ferner gibt es sog. **Expressrouten**, die von Oslo an den Nordfjord, den Sognefjord oder zu den wichtigsten Städten der Süd- und Westküste fahren. In Nordnorwegen verkehren Expressbusse von Bodø ans Nordkap oder der Nordnorwegen-Express von

Vorsicht Querverkehr: ein wichtiger Hinweis auf Norwegens Straßen

Bodø nach Kirkenes, ferner gibt es schnelle Zubringerlinien über Schweden. Alle **Informationen** erhält man bei NOR-WAY Bussekspress, Schweiggaardsgate 8–10, 0185 Oslo, Tel. 81 54 44 44, www.nor-way.no.

Fähre

Zwar nimmt die Zahl der kleinen Fjordfähren von Jahr zu Jahr ab, doch wird man kaum eine Norwegenreise beenden, ohne eines der gemütlichen Boote benutzt zu haben. Bei den kleinen Anbietern ist es nicht möglich, einen Platz zu reservieren. An besonders beliebten Stellen wie etwa dem Geiranger-Hellesylt kann es zur Hochsaison zu längeren Wartezeiten kommen.

Flugzeug

Die weiten Entfernungen machen den Inlandsflugverkehr in Norwegen zu einem wichtigen und selbstverständlichen öffentlichen Transportmittel, das gilt besonders für Nordnorwegen. Die Langstrecken werden in Norwegen von SAS und Braathens SAFE bedient, die Kurzstrecken beispielsweise von Widerø. Im Sommer gibt es besondere Rabatte. Wer seinen Wohnsitz außerhalb Skandinaviens hat, erhält im Sommer mit dem **Northern Light Pass** bei SAS Braathens sehr günstige Tarife. Weitere **Informationen** erteilt SAS Braathens , Farnebu, Tel. 81 52 00 00, www.sasbraathens.no.

Mietwagen

In allen größeren Städten und an Flughäfen werden Autos vermietet.

Mitglieder des ADAC können über ihre Geschäftsstellen oder die **ADAC Autovermietung GmbH** reservieren, Tel. 0 18 05/ 31 81 81 (0,12 €/Min.).

Kraftstoff wird in Norwegen als ›Blyfri 95‹ (Bleifrei Super 95 Oktan), ›Blyfri 98‹ (Bleifrei Super plus 98 Oktan) und Diesel angeboten. Die Preise liegen erheblich über den heimischen Kraftstoffpreisen. An manchen **Tankstellen** wird preiswertes steuerfreies Diesel (Avgiftfri) angeboten, das aber nur landwirtschaftliche Fahrzeuge, Reise-Omnibusse o. Ä. tanken dürfen. Autogas-Tankstellen gibt es in Arendal, Bergen, Larvik, Oslo, As und Trondheim. Die benötigten Adapter sind an den Tankstellen vorhanden. Im Norden Norwegens gibt es in größeren Städten die Möglichkeit, über die AGA-Flaschenstationen an Autogas zu kommen.

Sprachführer
Norwegisch für die Reise

◾ Das Wichtigste in Kürze

Ja/Nein	*Ja/Nei*
Bitte/Danke	*Vær så snild / Takk*
Bitte schön!	*Vær så god!*
In Ordnung	*I orden.*
Entschuldigung!	*Unnskyld!*
Wie bitte?	*Hva sier du?*
Ich verstehe Sie nicht.	*Jeg forstår ikke.*
Ich spreche nur wenig Norwegisch.	*Jeg snakker bare litt norsk.*
Können Sie mir bitte helfen?	*Kan du være så snild hjelpe meg?*
Das gefällt mir (nicht).	*Det liker jeg (ikke).*
Ich möchte …	*Jeg vil gjerne …*
Haben Sie …?	*Har du …?*
Gibt es …?	*Finnes det …?*
Wie viel kostet das?	*Hva koster det?*
Wie teuer ist …?	*Hvor dyrt er …?*
Kann ich mit Kreditkarte bezahlen?	*Kan jeg betale med kredittkort?*
Wie viel Uhr ist es?	*Hva er klokken?*
Guten Morgen!	*God morgen!*
Guten Tag!	*God dag!*
Guten Abend!	*God kveld!*
Gute Nacht!	*God natt!*
Hallo!/Grüß Dich!	*Hallo! Hei!*
Mein Name ist …	*Mitt navn e …*
Wie ist Ihr Name?	*Hva heter du?*
Wie geht es Ihnen?	*Hvordan går det?*
Auf Wiedersehen!	*På gjensyn!*
Tschüs!	*Ha det bra!*
Bis bald!	*Vi sees snart!*

◾ Zahlen

0	null	19	nitten
1	ett	20	tjue
2	to	21	tjueen
3	tre	22	tjueto
4	fire	30	tretti
5	fem	40	førti
6	seks	50	femti
7	sju	60	seksti
8	åtte	70	sytti
9	ni	80	åtti
10	ti	90	nitti
11	elleve	100	ett hundre
12	tolv	200	to hundre
13	tretten	1000	ett tusen
14	fjorten	2000	to tusen
15	femten	10 000	ti tusen
16	seksten	100 000	hundre tusen
17	sytten	1/4	en fjerdedel
18	atten	1/2	en halv

Bis morgen!	*Vi sees i morgen!*
gestern/heute/morgen	*i går/i dag/i morgen*
am Vormittag / am Nachmittag	*om formiddagen/ om ettermiddagen*
am Abend/ in der Nacht	*om kvelden/ om natten*
um 1 Uhr / 2 Uhr …	*klokken 1/ klokken 2 …*
um Viertel vor (nach) …	*kvart på (kvart over)…*
um … Uhr 30	*klokken halv …*
Minute(n)/Stunde(n)	*minutt(er)/time(r)*
Tag(e)/Woche(n)	*dag(er)/uke(r)*
Monat(e)/Jahr(e)	*måned(er)/år*

◾ Wochentage

Montag	*mandag*
Dienstag	*tirsdag*
Mittwoch	*onsdag*
Donnerstag	*torsdag*
Freitag	*fredag*
Samstag	*lørdag*
Sonntag	*søndag*

◾ Monate

Januar	*januar*
Februar	*februar*
März	*mars*
April	*april*
Mai	*mai*
Juni	*juni*
Juli	*juli*
August	*august*
September	*september*
Oktober	*oktober*
November	*november*
Dezember	*desember*

◾ Maße

Kilometer	*kilometer*
Meter	*meter*
Zentimeter	*centimeter*
Kilogramm	*kilogram*
Pfund	*pund*
Gramm	*gram*
Liter	*liter*

◾ Unterwegs

Nord/Süd/West/Ost	*nord/syd/vest/øst*
oben/ unten	*oppe/nede*
geöffnet/geschlossen	*åpen/lukket*

geradeaus / links / rechts / zurück	rett fram/til venstre/ til høyre/tilbake
nah/weit	nært/lang borte
Wie weit ist das?	Hvor langt er det?
Wo sind die Toiletten?	Hvor er toalettene?
Wo ist die (der) nächste Telefonzelle / Bank/ Polizeistation/ Geldautomat?	Hvor er den neste telefonkiosken/ banken/ politistasjonen / minibanken?
Wo ist … der Hauptbahnhof / die U-Bahn/ der Flughafen?	Hvor er … jernbanestasjonen/ t-banestasjonen/ flyplassen?
Wo finde ich … eine Apotheke/ eine Bäckerei / Fotoartikel / ein Kaufhaus / ein Lebensmittel- geschäft / den Markt?	Hvor kan jeg finne … et apotek/ et bakeri/ en fotoforretning/ et varemagasin/ en matvarebutikk/ et torg?
Ist das der Weg / die Straße nach …?	Er dette veien/ gaten til …?
Ich möchte mit … dem Zug / dem Schiff / der Fähre / dem Flugzeug nach … fahren.	Jeg vil reise med … tog/ båt/ ferge / fly til …
Gilt dieser Preis für Hin- und Rückfahrt?	Gjelder denne prisen for fram og tilbake?
Wie lange gilt das Ticket?	Hvor lenge er billetten gyldig?
Wo ist das Fremden- verkehrsamt / ein Reisebüro?	Hvor er turistkontoret / et reisebyrå?
Ich benötige eine Hotelunterkunft.	Jeg trenger et hotellrom.
Wo kann ich mein Gepäck lassen?	Hvor kan jeg sette baggasjen min?
Ich habe meinen Koffer verloren.	Jeg har mistet kofferten min.

🟨 Zoll, Polizei

Ich habe etwas (nichts) zu verzollen.	Jeg har (ikke) noe å fortolle.
Ich habe nur persön- liche Dinge.	Jeg har bare person- lige ting.
Hier ist die Kauf- bescheinigung	Her er kjøpekvit- teringen.
Hier ist mein(e) … Geld/Pass/ Personalausweis/ Kfz-Schein/ Versicherungskarte.	Her er mine mitt … penger/pass/ identitetskort/ vognkort / forsikringskort.
Ich fahre nach … und bleibe … Tage/ Wochen.	Jeg kjører til … og blir i … dager / uker.
Ich möchte eine Anzeige erstatten.	Jeg vil foreta en anmeldelse.

Man hat mir … Geld / die Tasche / die Papiere/ die Schlüssel/ den Fotoapparat/ den Koffer / das Fahrrad gestohlen.	Jeg er blitt frastjålet … penger/ vesken/ papirer/ nøkler/ fotoapparat / koffert/ sykkel.
Verständigen Sie bitte das Deutsche Konsulat.	Vær vennlig å melde fra til det tyske konsulatet.

🟨 Freizeit

Ich möchte ein … Fahrrad/ Motorrad/ Surfbrett/ Mountainbike Pferd mieten.	Jeg vil gjerne leie en … sykkel/ motorsykkel/ surfbrett/ mountainbike/ hest.
Gibt es ein(en) … Freizeitpark/ Freibad/ Golfplatz in der Nähe?	Finnes det en … fritidspart/ svømmebasseng/ golfplass i nærheten?
Wo kann man baden?	Hvor kan man bade?
Wo ist ein Strand?	Hvor er det er strand?
Wann hat … geöffnet?	Når har … åpent?

🟨 Bank, Post, Telefon

Ich möchte Geld wechseln.	Jeg vil gjerne veksle penger.

🟧 Hinweise zur Aussprache

In Norwegen spricht man die Sprachen **Bokmål, Nynorsk** und überwiegend in Lappland **Samisch**. In Städten und in der Re- gion um den Oslofjord wird Bokmål gespro- chen, während Nynorsk im Fjordgebiet Westnorwegens und in den Bergregionen des Inlands verwendet wird. Dieser Sprach- führer ist in **Bokmål** gehalten.

o	wie ›u‹, Bsp.: bl**o**d (Blut)
u	zwischen ›u‹ und ›ü‹, Bsp.: h**u**s (Haus)
y	wie ›ü‹, Bsp.: b**y** (Stadt)
æ	wie ›ä‹, Bsp.: h**æ**r (Heer)
ø	wie ›ö‹, Bsp.: d**ø**d (tot)
å	wie ›o‹, Bsp.: g**å** (gehen)
au	zwischen ›ä‹ und ›ö‹, Bsp.: s**au** (Schaf)
ei	wie ›äj‹, Bsp.: v**ei** (Weg)
øy	wie ›öj‹, Bsp.: h**øy**(hoch)
hv, hj	wie ›f‹, ›j‹, ›h‹ bleibt stumm, Bsp.: **hv**a (was)
k, kj	vor ›i, y, ei, øy‹ wie ›ch‹, Bsp.: s**ky**ld (Schuld)

Brauchen Sie meinen Ausweis?	Trenger du mitt identitetskort?
Wo soll ich unterschreiben?	Hvor skal jeg underskrive?
Ich möchte eine Telefonverbindung.	Jeg vil gjerne ha en telefonforbindelse.
Wie lautet die Vorwahl für …?	Hva er retning snummeret for …?
Wo gibt es Telefonkarten/ Briefmarken?	Hvor får jeg telefonkort / frimerker?

Tankstelle

Wo ist die nächste Tankstelle?	Hvor er den neste bensinstasjonen?
Ich möchte … Liter …	Jeg vil gjerne ha … liter …
Super/	super /
Diesel/	diesel/
bleifrei.	blyfri.
Volltanken, bitte.	Full tank, takk!
Bitte prüfen Sie …	Vennligst kontroller …
den Reifendruck/	luften i dekkene/
den Ölstand/	oljetrykket/
den Wasserstand/	vannstanden/
das Wasser für die Scheibenwischanlage/	vannet for vindusspyleanlegget/
die Batterie.	batteriet.
Würden Sie bitte …	Kan du foreta …
den Ölwechsel vornehmen/	oljeskift/
den Radwechsel vornehmen/	hjulskifte/
die Sicherung austauschen/	skifte ut sikringen/
die Zündkerzen erneuern/	skifte ut tennpluggene/
den Wagen waschen?	vaske bilen?

Panne

Ich habe eine Panne.	Jeg har hatt et uhell.
Der Motor startet nicht.	Motoren starter ikke.
Ich habe die Schlüssel im Wagen gelassen.	Jeg har glemt nøklene i bilen.
Ich habe kein Benzin/ Diesel.	Jeg har ingen bensin/ diesel mer.
Gibt es hier in der Nähe eine Werkstatt?	Finnes det et verksted i nærheten?
Können Sie mich abschleppen?	Kan du slepe meg?
Können Sie den Wagen reparieren?	Kan du reparere bilen?
Bis wann?	Når er den ferdig?

Mietwagen

Ich möchte ein Auto mieten.	Jeg vil gjerne leie en bil.
Was kostet die Miete …	Hva koster leien …
pro Tag/	per dag/
pro Woche/	per uke/
mit unbegrenzter km-Zahl/	med ubegrenset kilometer/
mit Kasko-Kaution?	med kaskoforsikring?
Wo kann ich den Wagen zurückgeben?	Hvor kan jeg levere tilbake bilen?

Unfall

Hilfe!	Hjelp!
Achtung!/Vorsicht!	Pass på! / Vær forsiktig!
Rufen Sie bitte schnell …	Ring strakt til …
einen Krankenwagen/	sykebil/
die Polizei/	politi/
die Feuerwehr.	brannvesen.
Es war (nicht) meine Schuld.	Det var (ikke) min skyld.
Geben Sie mir bitte Ihren Namen und Ihre Adresse.	Gi meg navnet og adressen din.
Ich brauche die Angaben zu Ihrer Autoversicherung.	Jeg trenger informasjon om din bilforsikring.

Krankheit

Können Sie mir einen guten Deutsch sprechenden Arzt/ Zahnarzt empfehlen?	Kan du anbefale en god lege/ tannlege som snakker tysk?
Wann hat er Sprechstunde?	Når har han kontortid?
Wo ist die nächste Apotheke?	Hvor er det nærmeste apoteket?
Ich brauche ein Mittel gegen …	Jeg trenger et middel mot …
Durchfall/	diaré/
Halsschmerzen/	halsbetennelse/
Fieber/	feber/
Insektenstiche/	insektbit/
Verstopfung/	forstoppelse/
Zahnschmerzen.	tannsmerter.

Im Hotel

Können Sie mir ein Hotel/ eine Pension empfehlen?	Kan du anbefale et hotell/ en pensjon?
Ich habe bei Ihnen ein Zimmer reserviert.	Jeg har bestilt et rom hos dere.
Haben Sie ein Einzel-/ Doppelzimmer …	Har du et enkelt-/ dobbeltrom …
mit Bad/Dusche	med bad/dusj
für eine Nacht/	for en natt/
für eine Woche/	for en uke/
mit Blick aufs Meer?	med utsikt mot sjøen?

Was kostet das Zimmer	Hva koster rommet
mit Frühstück/	med frokost/
mit Halbpension/	med halv pensjon/
mit Vollpension?	med full pensjon?
Wie lange gibt es	Hvor lenge har dere
Frühstück?	frokost?
Ich möchte um …	Jeg vil gjerne bli
geweckt werden.	vekket klokken …
Ich reise heute abend/	Jeg reiser i kveld/
morgen früh ab.	i morgen tidlig.
Haben Sie ein	Har dere en
Faxgerät/	faxmaskin/
Hotelsafe?	en hotellsafe?
Nehmen Sie Kredit-	Tar dere kredittkort?
karten an?	
Kann ich Geld	Kan jeg få veksle
wechseln?	penger?

🟧 Im Restaurant

Wo gibt es ein gutes	Hvor finnes det
Restaurant/	en god restaurant/
ein günstiges	en rimelig
Restaurant?	restaurant?
Die Speisekarte/	Kan jeg få menyen/
Getränkekarte, bitte.	vinkartet?
Welches Gericht	Hvilken rett vil
können Sie beson-	du anbefale?
ders empfehlen?	
Ich möchte das	Jeg vil gjerne ha
Tagesgericht/	dagens rett/
Menü (zu …).	menyen (til …).
Ich möchte nur eine	Jeg vil bare spise
Kleinigkeit essen.	en smårett.
Haben Sie vegeta-	Har dere vegetariske
rische Gerichte?	retter?
Welche alkoholfreien	Hvilke alkoholfrie
Getränke haben Sie?	drikkevarer har dere?
Haben Sie	Har dere
Mineralwasser mit/	mineralvann med/
ohne Kohlensäure?	uten kullsyre?
Das Steak bitte …	Biffen vil jeg gjerne
	ha …
englisch/	lite stekt/
medium/	medium stekt/
durchgebraten.	gjennom stekt.
Können Sie mir …	Kan du gi meg en …
ein Messer/	kniv/
eine Gabel/	gaffel/
einen Löffel geben?	skje?
Darf man rauchen?	Får jeg røke?
Die Rechnung, bitte!	Jeg vil gjerne ha
	regningen!
Bezahlen, bitte!	Jeg vil gjerne betale!

🟧 Essen und Trinken

Abendessen	middag
Ananas	ananas
Apfel	eple
Apfelsine	appelsin
Aubergine	aubergine

Banane	bananer
Bier	øl
Birne	pære
Braten	stek
Brot/Brötchen	brød/rundstykker
Butter	smør
Ei	egg
Eintopf	lapskaus
Eiscreme	iskrem
Erdbeere	jordbær
Espresso	espresso
Espresso mit einem	espresso med litt melk
Schuss Milch	
Essig	eddik
Fisch	fisk
Flasche	flaske
Fleisch	kjøtt
Fruchtsaft	fruktsaft
Frühstück	frokost
Geflügel	fjærkre
Gemüse	grønnsaker
Glas	glass
Gurke	agurk
Hörnchen	horn
Huhn	kylling
Hummer	hummer
Kabeljau	torsk
Kalb	kalv
Kartoffeln	poteter
Käse	ost
Kirschen	kirsebær
Krug/Karaffe	mugge/karaffel
Lachs	laks
Meeresfrüchte	havets frukter
Milch	melk
Milchkaffee	melkekaffe
Mineralwasser	mineralvann
Mittagessen	lunsj
Nachspeise	dessert
Öl	olje
Orangensaft	appelsinsaft
Pampelmuse	grapefrukt
Pfeffer	pepper
Pflaumen	plommer
Pilze	sopp
Reis	ris
Rindfleisch	oksekjøtt
Salat	salat
Salz	salt
Schinken	skinke
Schweinefleisch	svinekjøtt
Suppe	suppe
Süßigkeiten	søtsaker
Tee	te
Thunfisch	tunfisk
Vorspeisen	forrett
Wassermelone	vannmelon
Wein	vin
Weißwein	hvitvin
Rotwein	rødvin
Roséwein	rosévin
Weintrauben	druer
Zucker	sukker

Register

Bildnachweis

Umschlag-Vorderseite: Nusfjord/Lofoten. Foto: *Claude Bousquet, Savigny les Beaune*

Titelseite
Oben: Die kleine Lofotinsel Skrova (Wh. von S. 107)
Mitte: Holzhäuser von Bryggen in der Abendsonne (Wh. von S. 55)
Unten: Faszination Nordland zwischen Fauske und Narvik (Wh. von S. 102/103)

Claude Bousquet, Savigny les Beaune: 23, 25, 28/29, 32, 42 oben, 43, 51, 55 oben, 58/59, 60 oben, 63 oben, 65, 68, 77, 80/81, 83 (2), 90 oben, 93, 94 (3), 96/97, 99, 101 oben, 107 oben, 108, 113 unten, 115, 124 oben – *Knut Liese, Ottobrunn:* 11 oben, 15 unten, 19, 20, 26, 27, 30, 31, 33 unten, 35, 36/37, 38, 42 Mitte, 42 unten, 46, 52/53, 55 unten, 60 unten, 66 oben, 70, 73, 79, 82 unten, 84 unten, 92, 97, 98, 101 unten, 102/103, 103, 105, 106, 107 unten, 117 oben – *LOOK, München:* 6 oben (Konrad Wothe), 6 unten, 7 oben (Hauke Dressler), 8 oben (Max Galli), 8 unten, 10/11, 22 unten, 28 unten, 33 oben (Hauke Dressler), 49, 50 (2) (Jan Greune), 71 (Max Galli), 76 (Aldo Acquardo), 87 (Max Galli), 110 (Konrad Wothe), 111, 113 oben (Hauke Dressler), 116 (Max Galli), 117 unten (Hauke Dressler), 118 (Max Galli), 119, 120 (Hauke Dressler), 121, 124 Mitte rechts (Hauke Dressler), 124 Mitte rechts (Jan Greune), 124 unten (Jan Greune), 129 (Aldo Acquardo), 132 unten (Hauke Dressler) – *Peter Mertz, Innsbruck:* 7 unten, 22 oben, 24 (2), 47, 53 oben, 54, 57, 61, 69, 75, 82 unten, 84 oben, 84 Mitte, 89, 104, 109 unten, 114, 127, 135 – *Dirk Schröder, Kolbermoor:* 122 – *Süddeutscher Verlag, Bilderdienst, München:* 12, 13, 14, 15 unten – *Verlagsarchiv:* 58, 90 Mitte (2), 90 unten, 109 oben – *Ernst Wrba, Sulzbach/Taunus:* 9 (2), 16/17, 39, 45, 48, 63 unten, 64, 66 unten, 67, 88, 126, 128, 133